PRÉFACE

La collection de guides de conversation "Tout ira bien!", publié par T&P Books, est conçue pour les gens qui voyagent par affaire ou par plaisir. Les guides de conversations contiennent le plus important - l'essentiel pour la communication de base. Il s'agit d'une série indispensable de phrases pour survivre à l'étranger.

Ce guide de conversation vous aidera dans la plupart des cas où vous devez demander quelque chose, trouver une direction, découvrir le prix d'un souvenir, etc. Il peut aussi résoudre des situations de communication difficile lorsque la gesticulation n'aide pas.

Le livre contient beaucoup de phrases qui ont été groupées par thèmes. Vous trouverez aussi un vocabulaire des 3000 mots les plus couramment utilisés. Une autre section du guide contient un glossaire gastronomique qui peut être utile lorsque vous faites le marché ou commandez des plats au restaurant.

Emmenez avec vous un guide de conversation "Tout ira bien!" sur la route et vous aurez un compagnon de voyage irremplaçable qui vous aidera à vous sortir de toutes les situations et vous enseignera à ne pas avoir peur de parler aux étrangers.

TABLE DES MATIÈRES

T&P Books Publishing

Collection de guides de conversation
"Tout ira bien!"

T&P Books Publishing

GUIDE DE CONVERSATION
— HINDI —

Par Andrey Taranov

LES PHRASES LES PLUS UTILES

Ce guide de conversation
contient les phrases et
les questions les plus
communes et nécessaires
pour communiquer avec
des étrangers

T&P BOOKS

Guide de conversation + dictionnaire de 3000 mots

Guide de conversation Français-Hindi et vocabulaire thématique de 3000 mots

Par Andrey Taranov

La collection de guides de conversation "Tout ira bien!", publiée par T&P Books, est conçue pour les gens qui voyagent par affaire ou par plaisir. Les guides contiennent l'essentiel pour la communication de base. Il s'agit d'une série indispensable de phrases pour "survivre" à l'étranger.

Ce livre inclut un dictionnaire thématique qui contient près de 3000 des mots les plus fréquemment utilisés. Une autre section du guide contient un glossaire gastronomique qui peut être utile lorsque vous faites le marché ou commandez des plats au restaurant.

T&P Books Publishing
www.tpbooks.com

ISBN: 978-1-78616-791-0

Ce livre existe également en format électronique.
Pour plus d'informations, veuillez consulter notre site: www.tpbooks.com
ou rendez-vous sur ceux des grandes librairies en ligne.

Collection de guides de conversation
"Tout ira bien!"

T&P Books Publishing

GUIDE DE CONVERSATION

HINDI

Par Andrey Taranov

LES PHRASES LES PLUS UTILES

Ce guide de conversation contient les phrases et les questions les plus communes et nécessaires pour communiquer avec des étrangers

T&P BOOKS

Guide de conversation + dictionnaire de 3000 mots

Guide de conversation Français-Hindi et vocabulaire thématique de 3000 mots

Par Andrey Taranov

La collection de guides de conversation "Tout ira bien!", publiée par T&P Books, est conçue pour les gens qui voyagent par affaire ou par plaisir. Les guides contiennent l'essentiel pour la communication de base. Il s'agit d'une série indispensable de phrases pour "survivre" à l'étranger.

Ce livre inclut un dictionnaire thématique qui contient près de 3000 des mots les plus fréquemment utilisés. Une autre section du guide contient un glossaire gastronomique qui peut être utile lorsque vous faites le marché ou commandez des plats au restaurant.

T&P Books Publishing
www.tpbooks.com

ISBN: 978-1-78616-791-0

Ce livre existe également en format électronique.
Pour plus d'informations, veuillez consulter notre site: www.tpbooks.com
ou rendez-vous sur ceux des grandes librairies en ligne.

PRONONCIATION

Lettre	Exemple en hindi	Alphabet phonétique T&P	Exemple en français

Voyelles

अं	अक्सर	[a]; [ɑ], [ə]	aller; record
आ	आगमन	[aː]	camarade
इ	इनाम	[i]	stylo
ई	ईश्वर	[i], [iː]	faillite
उ	उठना	[ʊ]	groupe
ऊ	ऊपर	[uː]	tour
ऋ	ऋग्वेद	[r, rʲ]	riche
ए	एकता	[eː]	aller
ऐ	ऐनक	[aj]	maillot
ओ	ओला	[oː]	tableau
औ	औरत	[au]	Arabie Saoudite
अं	अंजीर	[ŋ]	parking
अः	अ से अः	[h]	[h] aspiré
ऑ	ऑफिस	[ɒ]	portier

Consonnes

क	कमरा	[k]	bocal
ख	खिड़की	[kh]	[k] aspiré
ग	गरज	[g]	gris
घ	घर	[gh]	[g] aspiré
ङ	डाकू	[n]	parking
च	चक्कर	[tʃ]	match
छ	छात्र	[tʃh]	[tsch] aspiré
ज	जाना	[dʒ]	adjoint
झ	झलक	[dʒ]	adjoint
ञ	विज्ञान	[ɲ]	canyon
ट	मटर	[t]	tennis
ठ	ठेका	[th]	[t] aspiré
ड	डंडा	[d]	document
ढ	ढलान	[d]	document
ण	क्षण	[n]	La consonne nasale rétroflexe
त	ताकत	[t]	tennis

Lettre	Exemple en hindi	Alphabet phonétique T&P	Exemple en français
थ	थकना	[th]	[t] aspiré
द	दरवाज़ा	[d]	document
ध	धोना	[d]	document
न	नाई	[n]	ananas
प	पिता	[p]	panama
फ	फल	[f]	formule
ब	बच्चा	[b]	bureau
भ	भाई	[b]	bureau
म	माता	[m]	minéral
य	याद	[j]	maillot
र	रीछ	[r]	racine, rouge
ल	लाल	[l]	vélo
व	वचन	[v]	rivière
श	शिक्षक	[ʃ]	chariot
ष	भाषा	[ʃ]	chariot
स	सोना	[s]	syndicat
ह	हज़ार	[h]	[h] aspiré

Consonnes supplémentaires

क़	क़लम	[q]	cadeau
ख़	ख़बर	[h]	[h] aspiré
ड़	लड़का	[r]	racine, rouge
ढ़	पढ़ना	[r]	racine, rouge
ग़	ग़लती	[ɣ]	g espagnol - amigo, magnífico
ज़	ज़िन्दगी	[z]	gazeuse
झ़	ट्रेझर	[ʒ]	jeunesse
फ़	फ़ौज	[f]	formule

LISTE DES ABRÉVIATIONS

Abréviations en français

adj	-	adjective
adv	-	adverbe
anim.	-	animé
conj	-	conjonction
dénombr.	-	dénombrable
etc.	-	et cetera
f	-	nom féminin
f pl	-	féminin pluriel
fam.	-	familiar
fem.	-	féminin
form.	-	formal
inanim.	-	inanimé
indénombr.	-	indénombrable
m	-	nom masculin
m pl	-	masculin pluriel
m, f	-	masculin, féminin
masc.	-	masculin
math	-	mathematics
mil.	-	militaire
pl	-	pluriel
prep	-	préposition
pron	-	pronom
qch	-	quelque chose
qn	-	quelqu'un
sing.	-	singulier
v aux	-	verbe auxiliaire
v imp	-	verbe impersonnel
vi	-	verbe intransitif
vi, vt	-	verbe intransitif, transitif
vp	-	verbe pronominal
vt	-	verbe transitif

Abréviations en hindi

f	-	nom féminin
f pl	-	féminin pluriel

| m | - | nom masculin |
| m pl | - | masculin pluriel |

T&P BOOKS

GUIDE DE CONVERSATION HINDI

Cette section contient
des phrases importantes
qui peuvent être utiles dans
des situations courantes.
Le guide vous aidera
à demander des directions,
clarifier le prix, acheter
des billets et commander
des plats au restaurant

T&P Books Publishing

CONTENU DU GUIDE
DE CONVERSATION

T&P Books Publishing

Les essentiels

Excusez-moi, ...
माफ़ कीजिएगा, ...
māf kījiega, ...

Bonjour
नमस्कार।
namaskār.

Merci
शुक्रिया।
shukriya.

Au revoir
अलविदा।
alavida.

Oui
हाँ।
hān.

Non
नहीं।
nahin.

Je ne sais pas.
मुझे नहीं मालूम।
mujhe nahin mālūm.

Où? | Où? | Quand?
कहाँ? | कहाँ जाना है? | कब?
kahān? | kahān jāna hai? | kab?

J'ai besoin de ...
मुझे ... चाहिए।
mujhe ... chāhie.

Je veux ...
मैं ... चाहता /चाहती/ हूँ।
main ... chāhata /chāhatī/ hūn.

Avez-vous ... ?
क्या आपके पास ... है?
kya āpake pās ... hai?

Est-ce qu'il y a ... ici?
क्या यहाँ ... है?
kya yahān ... hai?

Puis-je ... ?
क्या मैं ... सकता /सकती/ हूँ?
kya main ... sakata /sakatī/ hūn?

s'il vous plaît (pour une demande)
..., कृपया।
..., krpaya.

Je cherche ...
मैं ... ढूंढ रहा /रही/ हूँ।
main ... dhūnrh raha /rahī/ hūn.

les toilettes
शौचालय
shauchālay

un distributeur
एटीएम
etīem

une pharmacie
दवा की दुकान
dava kī dūkān

l'hôpital
अस्पताल
aspatāl

le commissariat de police
पुलिस थाना
pulis thāna

une station de métro
मेट्रो
metro

un taxi	टैक्सी taiksī
la gare	ट्रेन स्टेशन tren steshan

Je m'appelle ...	मेरा नाम ... है। mera nām ... hai
Comment vous appelez-vous?	आपका क्या नाम है? āpaka kya nām hai?
Aidez-moi, s'il vous plaît.	क्या आप मेरी मदद कर सकते /सकती/ हैं? kya āp merī madad kar sakate /sakatī/ hain?
J'ai un problème.	मुझे एक परेशानी है। mujhe ek pareshānī hai.
Je ne me sens pas bien.	मेरी तबियत ठीक नहीं है। merī tabiyat thīk nahin hai.
Appelez une ambulance!	एम्बुलेन्स बुलाओ! embulens bulao!
Puis-je faire un appel?	क्या मैं एकु फ़ोन कर सकता /सकती/ हूँ? kya main ek fon kar sakata /sakatī/ hūn?

Excusez-moi.	मुझे माफ़ करना। mujhe māf kar do.
Je vous en prie.	आपका स्वागत है। āpaka svāgat hai.

je, moi	मैं main
tu, toi	तू tū
il	वह vah
elle	वह vah
ils	वे ve
elles	वे ve
nous	हम ham
vous	तुम tum
Vous	आप āp

ENTRÉE	प्रवेश pravesh
SORTIE	निकास nikās

HORS SERVICE | EN PANNE	ख़राब है kharāb hai
FERMÉ	बंद band
OUVERT	खुला khula
POUR LES FEMMES	महिलाओं के लिए mahilaon ke lie
POUR LES HOMMES	पुरूषों के लिए purūshon ke lie

Questions

Où? (lieu)	कहाँ? kahān?
Où? (direction)	कहाँ जाना है? kahān jāna hai?
D'où?	कहाँ से? kahān se?
Pourquoi?	क्यों? kyon?
Pour quelle raison?	किस वजह से? kis vajah se?
Quand?	कब? kab?
Combien de temps?	कितना समय लगेगा? kitana samay lagega?
À quelle heure?	कितने बजे? kitane baje?
C'est combien?	कितना? kitana?
Avez-vous … ?	क्या आपके पास … है? kya āpake pās ... hai?
Où est …, s'il vous plaît?	… कहाँ है? ... kahān hai?
Quelle heure est-il?	क्या बजा है? kya baja hai?
Puis-je faire un appel?	क्या मैं एक फ़ोन कर सकता /सकती/ हूँ? kya main ek fon kar sakata /sakatī/ hūn?
Qui est là?	कौन है? kaun hai?
Puis-je fumer ici?	क्या मैं यहाँ सिगरेट पी सकता /सकती/ हूँ? kya main yahān sigaret pī sakata /sakatī/ hūn?
Puis-je …?	क्या मैं … सकता /सकती/ हूँ? kya main ... sakata /sakatī/ hūn?

Besoins

Je voudrais …
मुझे … चाहिए।
mujhe … chāhie.

Je ne veux pas …
मुझे … नहीं चाहिए।
mujhe … nahin chāhie.

J'ai soif.
मुझे प्यास लगी है।
mujhe pyās lagī hai.

Je veux dormir.
मैं सोना चाहता /चाहती/ हूँ।
main sona chāhata /chāhatī/ hūn.

Je veux …
मैं … चाहता /चाहती/ हूँ।
main … chāhata /chāhatī/ hūn.

me laver
हाथ-मुँह धोना
hāth-munh dhona

brosser mes dents
दाँत ब्रश करना
dānt brash karana

me reposer un instant
कुछ समय आराम करना
kuchh samay ārām karana

changer de vêtements
कपड़े बदलना
kapare badalana

retourner à l'hôtel
होटल वापस जाना
hotal vāpas jāna

acheter …
… खरीदना
… kharīdana

aller à …
… जाना
… jāna

visiter …
… जाना
… jāna

rencontrer …
… से मिलने जाना
… se milane jāna

faire un appel
फ़ोन करना
fon karana

Je suis fatigué /fatiguée/
मैं थक गया /गई/ हूँ।
main thak gaya /gaī/ hūn.

Nous sommes fatigués /fatiguées/
हम थक गए हैं।
ham thak gae hain.

J'ai froid.
मुझे सर्दी लग रही है।
mujhe sardī lag rahī hai.

J'ai chaud.
मुझे गर्मी लग रही है।
mujhe garmī lag rahī hai.

Je suis bien.
मैं ठीक हूँ।
main thīk hūn.

Il me faut faire un appel.

मुझे फ़ोन करना है।
mujhe fon karana hai.

J'ai besoin d'aller aux toilettes.

मुझे शौचालय जाना है।
mujhe shauchālay jāna hai.

Il faut que j'aille.

मुझे जाना है।
mujhe jāna hoga.

Je dois partir maintenant.

मुझे अब जाना होगा।
mujhe ab jāna hoga.

Comment demander la direction

Excusez-moi, ...

माफ़ कीजिएगा, ...
māf kījiega, ...

Où est ..., s'il vous plaît?

... कहाँ है?
... kahān hai?

Dans quelle direction est ... ?

... कहाँ पड़ेगा?
... kahān parega?

Pouvez-vous m'aider, s'il vous plaît ?

क्या आप मेरी मदद करेंगे
/करेंगी/, प्लीज़?
kya āp merī madad karenge
/karengī/, plīz?

Je cherche ...

मैं ... ढूँढ रहा /रही/ हूँ.
main ... dhūnrh raha /rahī/ hūn.

La sortie, s'il vous plaît?

मैं बाहर निकलने का रास्ता
ढूँढ रहा /रही/ हूँ.
main bāhar nikalane ka rāsta
dhūnrh raha /rahī/ hūn.

Je vais à ...

मैं ... जा रहा /रही/ हूँ.
main ... ja raha /rahī/ hūn.

C'est la bonne direction pour ...?

क्या मैं ... जाने के लिए सही
रास्ते पर हूँ?
kya main ... jāne ke lie sahī
rāste par hūn?

C'est loin?

क्या वह दूर है?
kya vah dūr hai?

Est-ce que je peux y aller à pied?

क्या मैं वहाँ पैदल जा सकता
/सकती/ हूँ?
kya main vāhān paidal ja sakata
/sakatī/ hūn?

Pouvez-vous me le montrer sur la carte?

क्या आप मुझे नक्शे पर दिखा
सकते /सकती/ हैं?
kya āp mujhe nakshe par dikha
sakate /sakatī/ hain?

Montrez-moi où sommes-nous,
s'il vous plaît.

मुझे दिखाईये कि हम इस वक्त
कहाँ हैं.
mujhe dikhaīye ki ham is vakt
kahān hain.

Ici

यहाँ
yahān

Là-bas

वहाँ
vahān

Par ici

इस तरफ़
is taraf

Tournez à droite.	दायें मुड़ें dāyen muren.
Tournez à gauche.	बायें मुड़ें bāyen muren.
Prenez la première (deuxième, troisième) rue.	पहला (दूसरा, तीसरा) मोड़ pahala (dūsara, tīsara) mor
à droite	दाईं ओर daīn or
à gauche	बाईं ओर baīn or
Continuez tout droit.	सीधे जाएं। sīdhe jaen.

Affiches, Pancartes

BIENVENUE!	स्वागत! svāgat!
ENTRÉE	प्रवेश pravesh
SORTIE	निकास nikās
POUSSEZ	पुश, धकेलिए push, dhakelie
TIREZ	पुल, खींचिए pul, khīnchie
OUVERT	खुला khula
FERMÉ	बंद band
POUR LES FEMMES	महिलाओं के लिए mahilaon ke lie
POUR LES HOMMES	पुरूषों के लिए purūshon ke lie
MESSIEURS (m)	पुरूष purūsh
FEMMES (f)	महिलाएं mahilaen
RABAIS | SOLDES	छूट chhūt
PROMOTION	सेल sel
GRATUIT	मुफ़्त muft
NOUVEAU!	नया! naya!
ATTENTION!	ध्यान दें! dhyān den!
COMPLET	कोई कमरा खाली नहीं है koī naukarī nahin hai
RÉSERVÉ	रिज़र्वड rizarvad
ADMINISTRATION	प्रबंधन prabandhan
PERSONNEL SEULEMENT	केवल स्टाफ़ keval stāf

ATTENTION AU CHIEN!	कुत्ते से बचकर रहें! kutte se bachakar rahen!
NE PAS FUMER!	नो स्मोकिंग! no smoking!
NE PAS TOUCHER!	हाथ न लगाएं! hāth na lagaen!
DANGEREUX	खतरनाक khataranāk
DANGER	खतरा khatara
HAUTE TENSION	हाई वोल्टेज haī voltej
BAIGNADE INTERDITE!	स्वीमिंग की अनुमति नहीं है! svīming kī anumati nahin hai!

HORS SERVICE | EN PANNE	ख़राब है kharāb hai
INFLAMMABLE	ज्वलनशील jvalanashīl
INTERDIT	मनाही manāhī
ENTRÉE INTERDITE!	प्रवेश निषेध! yahān āne kī sakht manāhī hai!
PEINTURE FRAÎCHE	गीला पेंट gīla pent

FERMÉ POUR TRAVAUX	मरम्मत के लिए बंद marammat ke lie band
TRAVAUX EN COURS	आगे कार्य प्रगित पर है āge kāry pragit par hai
DÉVIATION	डीटूर dītūr

Transport - Phrases générales

avion	हवाई जहाज़ havaī jahāz
train	रेलगाड़ी, ट्रेन relagāṛī, tren
bus, autobus	बस bas
ferry	फेरी ferī
taxi	टैक्सी taiksī
voiture	कार kār
horaire	शिड्यूल shidyūl
Où puis-je voir l'horaire?	मैं शिड्यूल कहां देख सकता /सकती/ हूं? main shidyūl kahān dekh sakata /sakatī/ hūn?
jours ouvrables	कार्यदिवस kāryadivas
jours non ouvrables	सप्ताहांत saptāhānt
jours fériés	छुट्टियां chhuttiyān
DÉPART	प्रस्थान prasthān
ARRIVÉE	आगमन āgaman
RETARDÉE	देरी derī
ANNULÉE	रद्द radd
prochain (train, etc.)	अगला agala
premier	पहला pahala
dernier	अंतिम antim

À quelle heure est le prochain ...? अगला ... कब है?
agala ... kab hai?

À quelle heure est le premier ...? पहला ... कब है?
pahala ... kab hai?

À quelle heure est le dernier ...? अंतिम ... कब है?
antim ... kab hai?

---

correspondance ट्रेन बदलना
tren badalana

prendre la correspondance ट्रेन कैसे बदलें
tren kaise badalen

Dois-je prendre la correspondance? क्या मुझे ट्रेन बदलनी पड़गी?
kya mujhe tren badalanī paragī?

Acheter un billet

Où puis-je acheter des billets?	मैं टिकटें कुहाँ खरीद सकता /सकती/ हूँ? main tikaten kahān kharīd sakata /sakatī/ hūn?
billet	टिकट tikat
acheter un billet	टिकट खरीदना tikat kharīdana
le prix d'un billet	टिकट का दाम tikat ka dām
Pour aller où?	कहाँ जाना है? kahān jāna hai?
Quelle destination?	कौन-से स्टेशन के लिए? kaun-se steshan ke lie?
Je voudrais ...	मुझे ... चाहिए। mujhe ... chāhie.
un billet	एक टिकट ek tikat
deux billets	दो टिकट do tikat
trois billets	तीन टिकट tīn tikat
aller simple	एक तरफ़ ek taraf
aller-retour	राउंड ट्रिप raund trip
première classe	फर्स्ट क्लास farst klās
classe économique	सेकेंड क्लास sekend klās
aujourd'hui	आज āj
demain	कल kal
après-demain	कल के बाद वाला दिन kal ke bād vāla din
dans la matinée	सुबह में subah men
l'après-midi	दोपहर में dopahar men
dans la soirée	शाम में shām men

siège côté couloir

आयल सीट
āyal sīt

siège côté fenêtre

खिड़की वाली सीट
khirakī vālī sīt

C'est combien?

कितना?
kitana?

Puis-je payer avec la carte?

क्या मैं क्रेडिट कार्ड से पे कर सकता /सकती/ हूँ?
kya main kredit kārd se pe kar sakata /sakatī/ hūn?

L'autobus

bus, autobus	बस bas
autocar	अंतरराज्यीय बस antararājyīy bas
arrêt d'autobus	बस-स्टॉप bas-stop
Où est l'arrêt d'autobus le plus proche?	सबसे करीबी बस-स्टॉप कहाँ है? sabase karībī bas-stop kahān hai?
numéro	नंबर nambar
Quel bus dois-je prendre pour aller à …?	… जाने के लिए कौन-सी बस लेनी होगी? … jāne ke lie kaun-sī bas lenī hogī?
Est-ce que ce bus va à …?	क्या यह बस … जाती है? kya yah bas … jātī hai?
L'autobus passe tous les combien?	बसें कितनी जल्दी-जल्दी आती हैं? basen kitanī jaldī-jaldī ātī hain?
chaque quart d'heure	हर पंद्रह मिनट har pandrah minat
chaque demi-heure	हर आधा घंटा har ādha ghanta
chaque heure	हर घंटा har ghanta
plusieurs fois par jour	दिन में कई बार din men kaī bār
… fois par jour	दिन में … बार din men … bār
horaire	शिड्यूल shidyūl
Où puis-je voir l'horaire?	मैं शिड्यूल कहाँ देख सकता /सकती/ हूँ? main shidyūl kahān dekh sakata /sakatī/ hūn?
À quelle heure passe le prochain bus?	अगली बस कब है? agalī bas kab hai?
À quelle heure passe le premier bus?	पहली बस कब है? pahalī bas kab hai?
À quelle heure passe le dernier bus?	आखिरी बस कब है? ākhirī bas kab hai?

arrêt	स्टॉप
	stop
prochain arrêt	अगला स्टॉप
	agala stop
terminus	आखिरी स्टॉप
	ākhirī stop
Pouvez-vous arrêter ici, s'il vous plaît.	रोक दें, प्लीज़।
	yahān roken, plīz.
Excusez-moi, c'est mon arrêt.	माफ़ कीजिएगा, यह मेरा स्टॉप है।
	māf kījiega, yah mera stop hai.

Train

train	रेलगाड़ी, ट्रेन relagārī, tren
train de banlieue	लोकल ट्रेन lokal tren
train de grande ligne	लंबी दूरी की ट्रेन lambī dūrī kī tren
la gare	ट्रेन स्टेशन tren steshan
Excusez-moi, où est la sortie vers les quais?	माफ़ कीजिएगा, प्लेटफॉर्म से निकलने का रास्ता कहाँ है? māf kījiega, pletaform se nikalane ka rāsta kahān hai?

Est-ce que ce train va à ...?	क्या यह ट्रेन ... जाती है? kya yah tren ... jātī hai?
le prochain train	अगली ट्रेन agalī tren

À quelle heure est le prochain train?	अगली ट्रेन कब है? agalī tren kab hai?
Où puis-je voir l'horaire?	मैं शिड्यूल कहाँ देख सकता /सकती/ हूँ? main shidyūl kahān dekh sakata /sakatī/ hūn?

De quel quai?	कौन-से प्लेटफॉर्म से? kaun-se pletaform se?
À quelle heure arrive le train à ...?	... में ट्रेन कब पहुंचती है? ... men tren kab pahunchatī hai?

Pouvez-vous m'aider, s'il vous plaît?	कृपया मेरी मदद करें। kṛpaya merī madad karen.
Je cherche ma place.	मैं अपनी सीट ढूंढ रहा /रही/ हूँ। main apanī sīt dhūnrh raha /rahī/ hūn.
Nous cherchons nos places.	हम अपनी सीट ढूंढ रहे हैं। ham apanī sīt dhūnrh rahe hain.

Ma place est occupée.	मेरी सीट पर कोई और बैठा है। merī sīt par koī aur baitha hai.
Nos places sont occupées.	हमारी सीटों पर कोई और बैठा है। hamārī sīton par koī aur baitha hai.
Excusez-moi, mais c'est ma place.	माफ़ कीजिएगा, लेकिन यह मेरी सीट है। māf kījiega, lekin yah merī sīt hai.

Est-ce que cette place est libre?

क्या इस सीट पर कोई बैठा है?
kya is sīt par koī baitha hai?

Puis-je m'asseoir ici?

क्या मैं यहाँ बैठ सकता
/सकती/ हूँ?
kya main yahān baith sakata
/sakatī/ hūn?

Sur le train - Dialogue (Pas de billet)

Votre billet, s'il vous plaît.
टिकट, कृपया।
tikat, krpaya.

Je n'ai pas de billet.
मेरे पास टिकट नहीं है।
mere pās tikat nahin hai.

J'ai perdu mon billet.
मेरा टिकट खो गया।
mera tikat kho gaya.

J'ai oublié mon billet à la maison.
मैं अपना टिकट घर पर भूल गया /गई/।
main apana tikat ghar par bhūl gaya /gaī/.

Vous pouvez m'acheter un billet.
आप मुझे एक टिकट दे दें।
āp mujhe ek tikat de den.

Vous devrez aussi payer une amende.
आपको फाइन भी भरना होगा।
āpako fain bhī bharana hoga.

D'accord.
ठीक है।
thīk hai.

Où allez-vous?
आप कहाँ जा रहे /रही/ हैं?
āp kahān ja rahe /rahī/ hain?

Je vais à ...
मैं ... जा रहा /रही/ हूँ।
main ... ja raha /rahī/ hūn.

Combien? Je ne comprend pas.
कितना? मैं समझी /समझी/ नहीं।
kitana? main samajhī /samajhī/ nahin.

Pouvez-vous l'écrire, s'il vous plaît.
इसे लिख दीजिए, प्लीज़।
ise likh dījie, plīz.

D'accord. Puis-je payer avec la carte?
ठीक है। क्या मैं क्रेडिट कार्ड से पे कर सकता /सकती/ हूँ?
thīk hai. kya main kredit kārd se pe kar sakata /sakatī/ hūn?

Oui, bien sûr.
हाँ, आप कर सकते हैं।
hān, āp kar sakate hain.

Voici votre reçu.
यह रही आपकी रसीद।
yah rahī āpakī rasīd.

Désolé pour l'amende.
फाइन के बारे में माफ़ कीजिएगा।
fain ke bāre men māf kījiega.

Ça va. C'est de ma faute.
कोई बात नहीं। वह मेरी गलती थी।
koī bāt nahin. vah merī galatī thī.

Bon voyage.
अपनी यात्रा का आनंद लें।
apanī yātra ka ānand len.

Taxi

taxi	टैक्सी taiksī
chauffeur de taxi	टैक्सी चलाने वाला taiksī chalāne vāla
prendre un taxi	टैक्सी पकड़ना taiksī pakarana
arrêt de taxi	टैक्सी स्टैंड taiksī staind
Où puis-je trouver un taxi?	मुझे टैक्सी कहां मिलेगी? mujhe taiksī kahān milegī?
appeler un taxi	टैक्सी बुलाना taiksī bulāna
Il me faut un taxi.	मुझे टैक्सी चाहिए। mujhe taiksī chāhie.
maintenant	अभी। abhī.
Quelle est votre adresse?	आपका पता क्या है? āpaka pata kya hai?
Mon adresse est ...	मेरा पता है ... mera pata hai ...
Votre destination?	आपको कहाँ जाना है? āpako kahān jāna hai?
Excusez-moi, ...	माफ़ कीजिएगा, ... māf kījiega, ...
Vous êtes libre ?	क्या टैक्सी खाली है? kya taiksī khālī hai?
Combien ça coûte pour aller à ...?	... जाने के लिए कितना लगेगा? ... jāne ke lie kitana lagega?
Vous savez où ça se trouve?	क्या आपको पता है वह कहाँ है? kya āpako pata hai vah kahān hai?
À l'aéroport, s'il vous plaît.	एयरपोर्ट, प्लीज़। eyaraport, plīz.
Arrêtez ici, s'il vous plaît.	यहाँ रोकें, प्लीज़। rok den, plīz.
Ce n'est pas ici.	यहाँ नहीं है। yahān nahin hai.
C'est la mauvaise adresse.	यह गलत पता है। yah galat pata hai.
tournez à gauche	बायें मुड़ें। bāyen muren.
tournez à droite	दायें मुड़ें। dāyen muren.

Combien je vous dois?

मुझे आपको कितने पैसे देने हैं?
mujhe āpako kitane paise dene hain?

J'aimerais avoir un reçu, s'il vous plaît.

मैं एक रसीद चाहिए, प्लीज़।
main ek rasīd chāhie, plīz.

Gardez la monnaie.

छुट्टे रख लें।
chhutte rakh len.

Attendez-moi, s'il vous plaît ...

क्या आप मेरा इंतज़ार /करेंगे/ करेंगी?
kya āp mera intazār /karenge/ karengī?

cinq minutes

पाँच मिनट
pānch minat

dix minutes

दस मिनट
das minat

quinze minutes

पंद्रह मिनट
pandrah minat

vingt minutes

बीस मिनट
bīs minat

une demi-heure

आधा घंटा
ādhe ghante

Hôtel

Bonjour.

नमस्कार।
namaskār.

Je m'appelle …

मेरा नाम ... है
mera nām ... hai

J'ai réservé une chambre.

मैंने बुकिंग की थी।
mainne buking kī thī.

Je voudrais …

मुझे ... चाहिए।
mujhe ... chāhie.

une chambre simple

एक सिंगल कमरा
ek singal kamara

une chambre double

एक डबल कमरा
ek dabal kamara

C'est combien?

यह कितने का है?
yah kitane ka hai?

C'est un peu cher.

यह थोड़ा महंगा है।
yah thora mahanga hai.

Avez-vous autre chose?

क्या आपके पास कुछ और है?
kya āpake pās kuchh aur hai?

Je vais la prendre.

मैं यह ले लूँगा /लूँगी/।
main yah le lūnga /lūngī/.

Je vais payer comptant.

मैं नकद दूंगा /दूँगी/।
main nakad dūnga /dūngī/.

J'ai un problème.

मुझे एक परेशानी है।
mujhe ek pareshānī hai.

Mon … est cassé /Ma … est cassée/

मेरा ... टूटा हुआ है।
mera ... tūta hua hai.

Mon /Ma/ … ne fonctionne pas.

मेरा ... ख़राब है।
mera ... kharāb hai.

télé

टीवी
tīvī

air conditionné

एयरकंडिशनर
eyarakandishanar

robinet

नल
nal

douche

शॉवर
shovar

évier

बेसिन
besin

coffre-fort

तिजोरी
tijorī

serrure de porte	दरवाज़े का ताला daravāze ka tāla
prise électrique	सॉकेट soket
sèche-cheveux	हेयर ड्रायर heyar drāyar

Je n'ai pas ...	... नहीं है ... nahin hai
d'eau	पानी pānī
de lumière	लाइट lait
d'électricité	बिजली bijalī

Pouvez-vous me donner ...?	... दे सकते /सकती/ हैं? de sakate /sakatī/ hain?
une serviette	तौलिया tauliya
une couverture	कम्बल kambal
des pantoufles	चप्पल chappal

une robe de chambre	रोब rob
du shampoing	शैम्पू shaimpū
du savon	साबुन sābun

Je voudrais changer ma chambre.	मुझे अपना कमरा बदलना है। mujhe apana kamara badalana hai.
Je ne trouve pas ma clé.	मुझे चाबी नहीं मिल रही है। mujhe chābī nahin mil rahī hai.
Pourriez-vous ouvrir ma chambre, s'il vous plaît?	क्या आप मेरा कमरा खोल सकते /सकती/ हैं? kya āp mera kamara khol sakate /sakatī/ hain?
Qui est là?	कौन है? kaun hai?

Entrez!	अंदर आ जाओ! andar ā jao!
Une minute!	एक मिनट! ek minat!

Pas maintenant, s'il vous plaît.	अभी नहीं, प्लीज़। abhī nahin, plīz.
Pouvez-vous venir à ma chambre, s'il vous plaît.	कृपया मेरे कमरे में आईये। krpaya mere kamare men āīye.

J'aimerais avoir le service d'étage.	मैं फ़ूड सर्विस ऑर्डर करना चाहता /चाहती/ हूँ| main fūd sarvis ordar karana chāhata /chāhatī/ hūn.
Mon numéro de chambre est le …	मेरा कमरा नंबर है … mera kamara nambar hai …
Je pars …	मैं … जा रहा /रही/ हूँ| main … ja raha /rahī/ hūn.
Nous partons …	हम … जा रहे हैं| ham … ja rahe hain.

maintenant	अभी abhī
cet après-midi	आज दोपहर āj dopahar
ce soir	आज रात āj rāt
demain	कल kal
demain matin	कल सुबह kal subah
demain après-midi	कल शाम kal shām
après-demain	कल के बाद वाला दिन kal ke bād vāla din

Je voudrais régler mon compte.	मैं भुगतान करना चाहता /चाहती/ हूँ| main bhugatān karana chāhata /chāhatī/ hūn.
Tout était merveilleux.	सब कुछ बहुत अच्छा था| sab kuchh bahut achchha tha.
Où puis-je trouver un taxi?	मुझे टैक्सी कहां मिलेगी? mujhe taiksī kahān milegī?
Pourriez-vous m'appeler un taxi, s'il vous plaît?	क्या आप मेरे लिए एक टैक्सी बुला देंगे /देंगी/? kya āp mere lie ek taiksī bula denge /dengī/?

Restaurant

Puis-je voir le menu, s'il vous plaît?

क्या आप अपना मेनू दिखा सकते हैं,
प्लीज़?
kya āp apana menū dikha sakate hain,
plīz?

Une table pour une personne.

एक के लिए टेबल
ek ke lie tebal.

Nous sommes deux (trois, quatre).

हम दो (तीन, चार) लोग हैं
ham do (tīn, chār) log hain.

Fumeurs

स्मोकिंग
smoking

Non-fumeurs

नो स्मोकिंग
no smoking

S'il vous plaît!

एक्सक्यूज़ मी!
eksakyūz mī!

menu

मेनू
menū

carte des vins

वाइन सूची
vain sūchī

Le menu, s'il vous plaît.

मेनू ले आईये प्लीज़
menū le āīye plīz.

Êtes-vous prêts à commander?

क्या आप ऑर्डर करने के लिए तैयार हैं?
kya āp ordar karane ke lie taiyār hain?

Qu'allez-vous prendre?

आप क्या लेना चाहेंगी /चाहेंगी/?
āp kya lena chāhengī /chāhengī/?

Je vais prendre ...

मेरे लिए ... ले आईए
mere lie ... le āīe.

Je suis végétarien.

मैं शाकाहारी हूँ
main shākāhārī hūn.

viande

माँस
māns

poisson

मछली
machhalī

légumes

सब्जियाँ
sabziyān

Avez-vous des plats végétariens?

क्या आपके पास शाकाहारी
पकवान हैं?
kya āpake pās shākāhārī
pakavān hain?

Je ne mange pas de porc.

मैं सूअर का गोश्त नहीं खाता
/खाती/ हूँ
main sūar ka gosht nahin khāta
/khātī/ hūn.

Il /elle/ ne mange pas de viande.

वह माँस नहीं खाता /खाती/ है।
vah māns nahin khāta /khātī/ hai.

Je suis allergique à ...

मुझे ... से अलर्जी है।
mujhe ... se alarjī hai.

Pourriez-vous m'apporter ...,
s'il vous plaît.

क्या आप मेरे लिए ... ले आएंगे प्लीज़
kya āp mere lie ... le āenge plīz

le sel | le poivre | du sucre

नमक | काली मिर्च | चीनी
namak | kālī mirch | chīnī

un café | un thé | un dessert

कॉफ़ी | चाय | मीठा
kofī | chāy | mīṭha

de l'eau | gazeuse | plate

पानी | बुदबुदाने वाला पानी | सादा
pānī | budabudāne vāla pānī | sāda

une cuillère | une fourchette | un couteau

एक चम्मच | काँटा | चाकू
ek chammach | kānta | chākū

une assiette | une serviette

एक प्लेट | नैपकिन
ek plet | naipakin

Bon appétit!

अपने भोजन का आनंद लें!
apane bhojan ka ānand len!

Un de plus, s'il vous plaît.

एक और चाहिए।
ek aur chāhie.

C'était délicieux.

वह अत्यंत स्वादिष्ट था।
vah atyant svādisht tha.

---

l'addition | de la monnaie | le pourboire

चेक | छुट्टा | टिप
chek | chhutta | tip

L'addition, s'il vous plaît.

चेक प्लीज़।
chek plīz.

Puis-je payer avec la carte?

क्या मैं क्रेडिट कार्ड से पे कर
सकता /सकती/ हूँ
kya main kredit kārd se pe kar sakata
/sakatī/ hūn?

Excusez-moi, je crois qu'il y a une
erreur ici.

माफ़ कीजिएगा, यहाँ कुछ गलती है।
māf kījiega, yahān kuchh galatī hai.

Shopping. Faire les Magasins

Est-ce que je peux vous aider?

क्या मैं आपकी मदद कर सकता /सकती/ हूँ?
kya main āpakī madad kar sakata /sakatī/ hūn?

Avez-vous … ?

क्या आपके पास … है?
kya āpake pās … hai?

Je cherche …

मैं … ढूंढ रहा /रही/ हूँ
main … dhūnrh raha /rahī/ hūn.

Il me faut …

मुझे … चाहिए।
mujhe … chāhie.

Je regarde seulement, merci.

मैं बस देख रहा /रही/ हूँ
main bas dekh raha /rahī/ hūn.

Nous regardons seulement, merci.

हम बस देख रहे हैं
ham bas dekh rahe hain.

Je reviendrai plus tard.

मैं बाद में वापिस आता /आती/ हूँ
main bād men vāpis āta /ātī/ hūn.

On reviendra plus tard.

हम बाद में वापिस आते हैं।
ham bād men vāpis āte hain.

Rabais | Soldes

छूट | सेल
chhūt | sel

Montrez-moi, s'il vous plaît …

क्या आप मुझे … दिखाएंगे /दिखाएंगी/।
kya āp mujhe … dikhaenge /dikhaengī/.

Donnez-moi, s'il vous plaît …

क्या आप मुझे … देंगे /देंगी/।
kya āp mujhe … denge /dengī/.

Est-ce que je peux l'essayer?

क्या मैं इसे पहनकर देख सकता /सकती/ हूँ?
kya main ise pahanakar dekh sakata /sakatī/ hūn?

Excusez-moi, où est la cabine d'essayage?

माफ़ कीजिएगा, ट्राय रूम कहाँ है?
māf kījiega, trāy rūm kahān hai?

Quelle couleur aimeriez-vous?

आपको कौन-सा रंग चाहिए?
āpako kaun-sa rang chāhie?

taille | longueur

साइज़ | लंबाई
saiz | lambaī

Est-ce que la taille convient ?

यह कैसा फिट होता है?
yah kaisa fit hota hai?

Combien ça coûte?

यह कितने का है?
yah kitane ka hai?

C'est trop cher.

यह बहुत महंगा है।
yah bahut mahanga hai.

Je vais le prendre.

मैं इसे ले लूँगा /लूँगी/।
main ise le lūnga /lūngī/.

Excusez-moi, où est la caisse?

माफ़ कीजिएगा, पे कहाँ करना है?
māf kījiega, pe kahān karana hai?

Payerez-vous comptant ou par carte de crédit?

क्या आप नकद में पे करेंगे या क्रेडिट कार्ड से?
kya āp nakad men pe karenge ya kredit kārd se?

Comptant | par carte de crédit

नकद में । क्रेडिट कार्ड से
nakad men | kredit kārd se

Voulez-vous un reçu?

क्या आपको रसीद चाहिए?
kya āpako rasīd chāhie?

Oui, s'il vous plaît.

हाँ, प्लीज़।
hān, plīz.

Non, ce n'est pas nécessaire.

नहीं, ज़रूरत नहीं।
nahin, zarūrat nahin.

Merci. Bonne journée!

शुक्रिया। आपका दिन शुभ हो!
shukriya. āpaka din shubh ho!

En ville

Excusez-moi, ...	माफ़ कीजिएगा, ... māf kījiega, ...
Je cherche ...	मैं ... ढूंढ़ रहा /रही/ हूँ main ... dhūnrh raha /rahī/ hūn.
le métro	मेट्रो metro
mon hôtel	अपना होटल apana hotal
le cinéma	सिनेमा हॉल sinema hol
un arrêt de taxi	टैक्सी स्टैंड taiksī staind

un distributeur	एटीएम etīem
un bureau de change	मुद्रा विनिमय केंद्र foran eksachenj ofis
un café internet	साइबर कैफ़े saibar kaife
la rue ...	... सड़क ... sarak
cette place-ci	यह जगह yah jagah

Savez-vous où se trouve ...?	क्या आपको पता है कि ... कहाँ है? kya āpako pata hai ki ... kahān hai?
Quelle est cette rue?	यह कौन-सी सड़क है? yah kaun-sī sarak hai?
Montrez-moi où sommes-nous, s'il vous plaît.	मुझे दिखाईये कि हम इस वक्त कहाँ हैं। mujhe dikhaīye ki ham is vakt kahān hain.
Est-ce que je peux y aller à pied?	क्या मैं वहाँ पैदल जा सकता /सकती/ हूँ? kya main vahān paidal ja sakata /sakatī/ hūn?
Avez-vous une carte de la ville?	क्या आपके पास शहर का नक्शा है? kya āpake pās shahar ka naksha hai?

| C'est combien pour un ticket? | अंदर जाने का टिकट कितने का है?
andar jāne ka tikat kitane ka hai? |
| Est-ce que je peux faire des photos? | क्या मैं यहाँ फोटो खींच सकता
/सकती/ हूँ?
kya main yahān foto khīnch sakata
/sakatī/ hūn? |

Êtes-vous ouvert?

क्या यह जगह खुली है?
kya yah jagah khulī hai?

À quelle heure ouvrez-vous?

आप इसे कब खोलते हैं?
āp ise kab kholate hain?

À quelle heure fermez-vous?

आप इसे कब बंद करते हैं?
āp ise kab band karate hain?

L'argent

argent	पैसा paisa
argent liquide	नकद nakad
des billets	पेपर मनी pepar manī
petite monnaie	सिक्के sikke
l'addition | de la monnaie | le pourboire	चेक | छुट्टा | टिप chek | chhutta | tip

carte de crédit	क्रेडिट कार्ड kredit kārd
portefeuille	बटुआ batua
acheter	खरीदना kharīdana
payer	भुगतान करना bhugatān karana
amende	फाइन fain
gratuit	मुफ्त muft

Où puis-je acheter … ?	मैं … कहाँ खरीद सकता /सकती/ हूँ? main … kahā kharīd sakata /sakatī/ hūn?
Est-ce que la banque est ouverte en ce moment?	क्या बैंक इस वक्त खुला होगा? kya baink is vakt khula hoga?
À quelle heure ouvre-t-elle?	वह कब खुलता है? vah kab khulata hai?
À quelle heure ferme-t-elle?	वह कब बंद होता है? vah kab band hota hai?

C'est combien?	कितना? kitana?
Combien ça coûte?	यह कितने का है? yah kitane ka hai?

C'est trop cher.	यह बहुत महंगा है। yah bahut mahanga hai.
Excusez-moi, où est la caisse?	माफ़ कीजिएगा, पे कहाँ करना है? māf kījiega, pe kahān karana hai?

L'addition, s'il vous plaît.	चेक, प्लीज़ा chek, plīz.
Puis-je payer avec la carte?	क्या मैं क्रेडिट कार्ड से पे कर सकता /सकती/ हूँ? kya main kredit kārd se pe kar sakata /sakatī/ hūn?
Est-ce qu'il y a un distributeur ici?	क्या यहाँ पास में एटीएम है? kya yahān pās men etīem hai?
Je cherche un distributeur.	मैं एटीएम ढूंढ रहा /रही/ हूँ main etīem dhūnrh raha /rahī/ hūn.
Je cherche un bureau de change.	मैं मुद्रा विनिमय केंद्र ढूंढ रहा /रही/ हूँ main mudra vinimay kendr dhūnrh raha /rahī/ hūn.
Je voudrais changer ...	मैं ... बदलना चाहूँगा /चाहूँगी/। main ... badalana chāhūnga /chāhūngī/.
Quel est le taux de change?	एक्सचेंज रेट क्या है? eksachenj ret kya hai?
Avez-vous besoin de mon passeport?	क्या मुझे पासपोर्ट की ज़रूरत है? kya mujhe pāsaport kī zarūrat hai?

Le temps

Quelle heure est-il?	क्या बजा है? kya baja hai?
Quand?	कब? kab?
À quelle heure?	कितने बजे? kitane baje?
maintenant | plus tard | après …	अभी | बाद में | … के बाद abhī | bād men | … ke bād
une heure	एक बजे ek baje
une heure et quart	सवा एक बजे sava ek baje
une heure et demie	डेढ़ बजे derh baje
deux heures moins quart	पौने दो बजे paune do baje
un | deux | trois	एक | दो | तीन ek | do | tīn
quatre | cinq | six	चार | पांच | छह chār | pānch | chhah
sept | huit | neuf	सात | आठ | नौ sāt | āth | nau
dix | onze | douze	दस | ग्यारह | बारह das | gyārah | bārah
dans …	… में … men
cinq minutes	पाँच मिनट pānch minat
dix minutes	दस मिनट das minat
quinze minutes	पंद्रह मिनट pandrah minat
vingt minutes	बीस मिनट bīs minat
une demi-heure	आधे घंटे ādha ghanta
une heure	एक घंटे ek ghante

dans la matinée	सुबह में subah men
tôt le matin	सुबह-सेवरे subah-savare
ce matin	इस सुबह is subah
demain matin	कल सुबह kal subah
à midi	दोपहर में dopahar men
dans l'après-midi	दोपहर में dopahar men
dans la soirée	शाम में shām men
ce soir	आज रात āj rāt
la nuit	रात को rāt ko
hier	कल kal
aujourd'hui	आज āj
demain	कल kal
après-demain	कल के बाद वाला दिन kal ke bād vāla din
Quel jour sommes-nous aujourd'hui?	आज कौन-सा दिन है? āj kaun-sa din hai?
Nous sommes ...	आज ... है। āj ... hai.
lundi	सोमवार somavār
mardi	मंगलवार mangalavār
mercredi	बुधवार budhavār
jeudi	गुरुवार guruvār
vendredi	शुक्रवार shukravār
samedi	शनिवार shanivār
dimanche	रविवार ravivār

Salutations - Introductions

Bonjour.	नमस्कार namaskār.
Enchanté /Enchantée/	आपसे मिलकर ख़ुशी हुई āpase milakar khushī huī.
Moi aussi.	मुझे भी mujhe bhī.
Je voudrais vous présenter ...	मैं आपको ... से मिलाना चाहूँगा /चाहूँगी/। main āpako ... se milāna chāhūnga /chāhūngī/.
Ravi /Ravie/ de vous rencontrer.	आपसे मिलकर अच्छा लगा āpase milakar achchha laga.
Comment allez-vous?	आप कैसे /कैसी/ हैं? āp kaise /kaisī/ hain?
Je m'appelle ...	मेरा नाम ... है mera nām ... hai.
Il s'appelle ...	इसका नाम ... है isaka nām ... hai.
Elle s'appelle ...	इसका नाम ... है isaka nām ... hai.
Comment vous appelez-vous?	आपका क्या नाम है? āpaka kya nām hai?
Quel est son nom?	इसका क्या नाम है? isaka kya nām hai?
Quel est son nom?	इसका क्या नाम है? isaka kya nām hai?
Quel est votre nom de famille?	आपका आख़िरी नाम क्या है? āpaka ākhirī nām kya hai?
Vous pouvez m'appeler ...	आप मुझे ... बुला सकते /सकती/ हैं āp mujhe ... bula sakate /sakatī/ hain.
D'où êtes-vous?	आप कहाँ से हैं? āp kahān se hain?
Je suis de ...	मैं ... हूँ main ... hūn.
Qu'est-ce que vous faites dans la vie?	आप क्या काम करते /करती/ हैं? āp kya kām karate /karatī/ hain?
Qui est-ce?	यह कौन है? yah kaun hai?
Qui est-il?	यह कौन है? yah kaun hai?

Qui est-elle?	यह कौन है? yah kaun hai?
Qui sont-ils?	ये कौन हैं? ye kaun hain?

C'est ...	यह ... है। yah ... hai.
mon ami	मेरा दोस्त mera dost
mon amie	मेरी सहेली merī sahelī
mon mari	मेरे पति mere pati
ma femme	मेरी पत्नी merī patnī

mon père	मेरे पिता mere pita
ma mère	मेरी माँ merī mān
mon frère	मेरे भाई mere bhaī
ma sœur	मेरी बहन merī bahan
mon fils	मेरा बेटा mera beta
ma fille	मेरी बेटी merī betī

C'est notre fils.	यह मेरा बेटा है। yah mera beta hai.
C'est notre fille.	यह मेरी बेटी है। yah merī betī hai.
Ce sont mes enfants.	ये मेरे बच्चे हैं। ye mere bachche hain.
Ce sont nos enfants.	ये हमारे बच्चे हैं। ye hamāre bachche hain.

Les adieux

Au revoir!	अलविदा! alavida!
Salut!	बाय! bāy!
À demain.	कल मिलते हैं। kal milate hain.
À bientôt.	जल्दी मिलते हैं। jaldī milate hain.
On se revoit à sept heures.	सात बजे मिलते हैं। sāt baje milate hain.
Amusez-vous bien!	मज़े करो! maze karo!
On se voit plus tard.	बाद में बात करते हैं। bād men bāt karate hain.
Bonne fin de semaine.	तुम्हारा सप्ताहांत शुभ रहे। tumhāra saptāhānt shubh rahe.
Bonne nuit.	शुभ रात्रि। shubh rātri.
Il est l'heure que je parte.	मेरे जाने का वक्त हो गया है। mere jāne ka vakt ho gaya hai.
Je dois m'en aller.	मुझे जाना होगा। mujhe jāna hai.
Je reviens tout de suite.	मैं अभी वापिस आता /आती/ हूँ। main abhī vāpis āta /ātī/ hūn.
Il est tard.	देर हो गई है। der ho gaī hai.
Je dois me lever tôt.	मुझे जल्दी उठना है। mujhe jaldī uthana hai.
Je pars demain.	मैं कल जाने वाला /वाली/ हूँ। main kal jāne vāla /vālī/ hūn.
Nous partons demain.	हम कल जाने वाले हैं। ham kal jāne vāle hain.
Bon voyage!	आपकी यात्रा शानदार हो! āpakī yātra shānadār ho!
Enchanté de faire votre connaissance.	आपसे मिलकर अच्छा लगा। āpase milakar achchha laga.
Heureux /Heureuse/ d'avoir parlé avec vous.	आपसे बातें करके अच्छा लगा। āpase bāten karake achchha laga.
Merci pour tout.	हर चीज़ के लिए शुक्रिया। har chīz ke lie shukriya.

Je me suis vraiment amusé /amusée/   मैंने बहुत अच्छा वक्त बिताया।
mainne bahut achchha vakt bitāya.

Nous nous sommes vraiment
amusés /amusées/   हमने बहुत अच्छा वक्त बिताया।
hamane bahut achchha vakt bitāya.

C'était vraiment plaisant.   बहुत मज़ा आया।
bahut maza āya.

Vous allez me manquer.   मुझे तुम्हारी याद आएगी।
mujhe tumhārī yād āegī.

Vous allez nous manquer.   हमें आपकी याद आएगी।
hamen āpakī yād āegī.

Bonne chance!   गुड लक!
gud lak!

Mes salutations à ...   ... को नमस्ते बोलना।
... ko namaste bolana.

Une langue étrangère

Je ne comprends pas.	मुझे समझ नहीं आया।
	mujhe samajh nahin āya.
Écrivez-le, s'il vous plaît.	इसे लिख दीजिए, प्लीज़।
	ise likh dījie, plīz.
Parlez-vous ...?	क्या आप ... बोलते /बोलती/ हैं?
	kya āp ... bolate /bolatī/ hain?

Je parle un peu ...	मैं थोड़ा-बहुत ... बोल सकता /सकती/ हूँ।
	main thora-bahut ... bol sakata /sakatī/ hūn.
anglais	अंग्रेज़ी
	angrezī

turc	तुर्की
	turkī
arabe	अरबी
	arabī
français	फ्रांसिसी
	frānsisī

allemand	जर्मन
	jarman
italien	इतालवी
	itālavī
espagnol	स्पेनी
	spenī

portugais	पुर्तगाली
	purtagālī
chinois	चीनी
	chīnī
japonais	जापानी
	jāpānī

Pouvez-vous le répéter, s'il vous plaît.	क्या आप इसे दोहरा सकते हैं
	kya āp ise dohara sakate hain.
Je comprends.	मैं समझ गया /गई/।
	main samajh gaya /gaī/.
Je ne comprends pas.	मुझे समझ नहीं आया।
	mujhe samajh nahin āya.
Parlez plus lentement, s'il vous plaît.	कृपया थोड़ा और धीरे बोलिये।
	kṛpaya thora aur dhīre boliye.

Est-ce que c'est correct?   **क्या यह सही है?**
kya yah sahī hai?

Qu'est-ce que c'est?   **यह क्या है?**
yah kya hai?

Les excuses

Excusez-moi, s'il vous plaît.	मुझे माफ़ करना। mujhe māf karana.
Je suis désolé /désolée/	मुझे माफ़ कर दो। mujhe māf karana.
Je suis vraiment /désolée/	मैं बहुत शर्मिन्दा हूँ। main bahut sharminda hūn.
Désolé /Désolée/, c'est ma faute.	माफ़ करना, यह मेरी गलती है। māf karana, yah merī galatī hai.
Au temps pour moi.	मेरी गलती। merī galatī.
Puis-je ... ?	क्या मैं ... सकता /सकती/ हूँ? kya main ... sakata /sakatī/ hūn?
Ça vous dérange si je ...?	क्या मैं ... सकता /सकती/ हूँ? kya main ... sakata /sakatī/ hūn?
Ce n'est pas grave.	कोई बात नहीं। koī bāt nahin.
Ça va.	सब कुछ ठीक है। sab kuchh thīk hai.
Ne vous inquiétez pas.	फिक्र मत करो। fikr mat karo.

Les accords

Oui	हाँ। hān.
Oui, bien sûr.	हाँ, बिल्कुल। hān, bilkul.
Bien.	ओके! बढ़िया! oke! barhiya!
Très bien.	ठीक है। thīk hai.
Bien sûr!	बिल्कुल। bilkul!
Je suis d'accord.	मैं सहमत हूँ। main sahamat hūn.

C'est correct.	यह सही है। yah sahī hai.
C'est exact.	यह ठीक है। yah thīk hai.
Vous avez raison.	आप सही हैं। āp sahī hain.
Je ne suis pas contre.	मुझे बुरा नहीं लगेगा। mujhe bura nahin lagega.
Tout à fait correct.	बिल्कुल सही। bilkul sahī.

C'est possible.	हो सकता है। ho sakata hai.
C'est une bonne idée.	यह अच्छा विचार है। yah achchha vichār hai.
Je ne peux pas dire non.	मैं नहीं नहीं बोल सकता /सकती/ हूँ। main nahin nahin bol sakata /sakatī/ hūn.
J'en serai ravi /ravie/	मुझे ख़ुश होगी। mujhe khush hogī.
Avec plaisir.	ख़ुशी से। khushī se.

Refus, exprimer le doute

Non	नहीं।
	nahin.
Absolument pas.	बिल्कुल नहीं।
	bilkul nahin.
Je ne suis pas d'accord.	मैं सहमत नहीं हूँ।
	main sahamat nahin hūn.
Je ne le crois pas.	मुझे नहीं लगता है।
	mujhe nahin lagata hai.
Ce n'est pas vrai.	यह सही नहीं है।
	yah sahī nahin hai.

Vous avez tort.	आप गलत हैं।
	āp galat hain.
Je pense que vous avez tort.	मेरे ख्याल में आप गलत हैं।
	mere khyāl men āp galat hain.
Je ne suis pas sûr /sûre/	मुझे पक्का नहीं पता है।
	mujhe pakka nahin pata hai.
C'est impossible.	यह मुमकिन नहीं है।
	yah mumakin nahin hai.
Pas du tout!	ऐसा कुछ नहीं हुआ!
	aisa kuchh nahin hua!

Au contraire!	इससे बिल्कुल उलटा।
	isase bilkul ulata.
Je suis contre.	मैं इसके खिलाफ़ हूँ।
	main isake khilāf hūn.
Ça m'est égal.	मुझे कोई फर्क नहीं पड़ता।
	mujhe koī fark nahin parata.
Je n'ai aucune idée.	मुझे कुछ नहीं पता।
	mujhe kuchh nahin pata.
Je doute que cela soit ainsi.	मुझे इस बात पर शक है।
	mujhe is bāt par shak hai.

Désolé /Désolée/, je ne peux pas.	माफ़ करना, मैं नहीं कर सकता /सकती/ हूँ।
	māf karana, main nahin kar sakata /sakatī/ hūn.
Désolé /Désolée/, je ne veux pas.	माफ़ करना, मैं नहीं करना चाहता /चाहती/ हूँ।
	māf karana, main nahin karana chāhata /chāhatī/ hūn.
Merci, mais ça ne m'intéresse pas.	शुक्रिया, मगर मुझे इसकी ज़रूरत नहीं है।
	shukriya, magar mujhe isakī zarūrat nahin hai.

Il se fait tard.

देर हो रही है।
der ho rahī hai.

Je dois me lever tôt.

मुझे जल्दी उठना है।
mujhe jaldī uthana hai.

Je ne me sens pas bien.

मेरी तबियत ठीक नहीं है।
merī tabiyat thīk nahin hai.

Exprimer la gratitude

Merci.
शुक्रिया।
shukriya.

Merci beaucoup.
बहुत बहुत शुक्रिया।
bahut bahut shukriya.

Je l'apprécie beaucoup.
मैं बहुत आभारी हूँ।
main bahut ābhārī hūn.

Je vous suis très reconnaissant.
मैं बहुत बहुत आभारी हूँ।
main bahut bahut ābhārī hūn.

Nous vous sommes très reconnaissant.
हम बहुत आभारी हैं।
ham bahut ābhārī hain.

Merci pour votre temps.
आपके वक्त के लिए शुक्रिया।
āpake vakt ke lie shukriya.

Merci pour tout.
हर चीज़ के लिए शुक्रिया।
har chīz ke lie shukriya.

Merci pour ...
... के लिए शुक्रिया।
... ke lie shukriya.

votre aide
आपकी मदद
āpakī madad

les bons moments passés
अच्छे वक्त
achchhe vakt

un repas merveilleux
बढ़िया खाने
barhiya khāne

cette agréable soirée
खुशनुमा शाम
khushanuma shām

cette merveilleuse journée
बढ़िया दिन
barhiya din

une excursion extraordinaire
अद्भुत सफर
adbhut safar

Il n'y a pas de quoi.
शुक्रिया की कोई ज़रूरत नहीं।
shukriya kī koī zarūrat nahin.

Vous êtes les bienvenus.
आपका स्वागत है।
āpaka svāgat hai.

Mon plaisir.
कभी भी।
kabhī bhī.

J'ai été heureux /heureuse/
de vous aider.
यह मेरे लिए खुशी की बात है।
yah mere lie khushī kī bāt hai.

Ça va. N'y pensez plus.
भूल जाओ।
bhūl jao.

Ne vous inquiétez pas.
फिक्र मत करो।
fikr mat karo.

Félicitations. Vœux de fête

Félicitations!	मुबारक हो! mubārak ho!
Joyeux anniversaire!	जन्मदिन की बधाई! janmadin kī badhaī!
Joyeux Noël!	बड़ा दिन मुबारक हो! bara din mubārak ho!
Bonne Année!	नए साल की बधाई! nae sāl kī badhaī!
Joyeuses Pâques!	ईस्टर की शुभकामनाएं! īstar kī shubhakāmanaen!
Joyeux Hanoukka!	हनुका की बधाईयाँ! hanuka kī badhaīyān!
Je voudrais proposer un toast.	मैं एक टोस्ट करना चाहूँगा /चाहूँगी/। main ek tost karana chāhūnga /chāhūngī/.
Santé!	चियर्स! chiyars!
Buvons à …!	… के लिए पीया जाए! … ke lie pīya jae!
À notre succès!	हमारी कामियाबी! hamārī kāmiyābī!
À votre succès!	आपकी कामियाबी! āpakī kāmiyābī!
Bonne chance!	गुड लक! gud lak!
Bonne journée!	आपका दिन शुभ हो! āpaka din shubh ho!
Passez de bonnes vacances !	आपकी छुट्टी अच्छी रहे! āpakī chhuttī achchhī rahe!
Bon voyage!	आपका सफर सुरक्षित रहे! āpaka safar surakshit rahe!
Rétablissez-vous vite.	मैं उम्मीद करता /करती/ हूँ कि आप जल्द ही ठीक हो जाएंगे! main ummīd karata /karatī/ hūn ki āp jald hī thīk ho jaenge!

Socialiser

Pourquoi êtes-vous si triste?	आप उदास क्यों हैं? āp udās kyon hain?
Souriez!	मुस्कुराओ! खुश रहो! muskurao! khush raho!
Êtes-vous libre ce soir?	क्या आप आज रात फ्री हैं? kya āp āj rāt frī hain?
Puis-je vous offrir un verre?	क्या मैं आपके लिए एक ड्रिंक खरीद सकता /सकती/ हूँ? kya main āpake lie ek drink kharīd sakata /sakatī/ hūn?
Voulez-vous danser?	क्या आप डांस करना चाहेंगी /चाहेंगी/? kya āp dāns karana chāhengī /chāhengī/?
Et si on va au cinéma?	चलिए फ़िल्म देखने चलते हैं। chalie film dekhane chalate hain.
Puis-je vous inviter ...	क्या मैं आपको ... इन्वाइट कर सकता /सकती/ हूँ? kya main āpako ... invait kar sakata /sakatī/ hūn?
au restaurant	रेस्तरां restarān
au cinéma	फ़िल्म के लिए film ke lie
au théâtre	थियेटर के लिए thiyetar ke lie
pour une promenade	वॉक के लिए vok ke lie
À quelle heure?	कितने बजे? kitane baje?
ce soir	आज रात āj rāt
à six heures	छह बजे chhah baje
à sept heures	सात बजे sāt baje
à huit heures	आठ बजे āth baje
à neuf heures	नौ बजे nau baje

Est-ce que vous aimez cet endroit?	क्या आपको यहाँ अच्छा लगता है? kya āpako yahān achchha lagata hai?
Êtes-vous ici avec quelqu'un?	क्या आप यहाँ किसी के साथ आए /आई/ हैं? kya āp yahān kisī ke sāth āe /āī/ hain?
Je suis avec mon ami.	मैं अपने दोस्त के साथ हूँ। main apane dost ke sāth hūn.
Je suis avec mes amis.	मैं अपने दोस्तों के साथ हूँ। main apane doston ke sāth hūn.
Non, je suis seul /seule/	नहीं, मैं अकेला /अकेली/ हूँ। nahin, main akela /akelī/ hūn.
As-tu un copain?	क्या आपका कोई बॉयफ्रेंड है? kya āpaka koī boyafrend hai?
J'ai un copain.	मेरा बॉयफ्रेंड है। mera boyafrend hai.
As-tu une copine?	क्या आपकी कोई गर्लफ्रेंड है? kya āpakī koī garlafrend hai?
J'ai une copine.	मेरी एक गर्लफ्रेंड है। merī ek garlafrend hai.
Est-ce que je peux te revoir?	क्या आपसे फिर मिल सकता /सकती/ हूँ? kya āpase fir mil sakata /sakatī/ hūn?
Est-ce que je peux t'appeler?	क्या मैं आपको कॉल कर सकता /सकती/ हूँ? kya main āpako kol kar sakata /sakatī/ hūn?
Appelle-moi.	मुझे कॉल करना। mujhe kol karana.
Quel est ton numéro?	आपका नंबर क्या है? āpaka nambar kya hai?
Tu me manques.	मुझे तुम्हारी याद आ रही है। mujhe tumhārī yād ā rahī hai.
Vous avez un très beau nom.	आपका नाम बहुत खूबसूरत है। āpaka nām bahut khūbasūrat hai.
Je t'aime.	मैं तुमसे प्यार करता /करती/ हूँ। main tumase pyār karata /karatī/ hūn.
Veux-tu te marier avec moi?	क्या तुम मुझसे शादी करोगे /करोगी/? kya tum mujhase shādī karoge /karogī/?
Vous plaisantez!	तुम मज़ाक कर रहे /रही/ हो! tum mazāk kar rahe /rahī/ ho!
Je plaisante.	मैं बस मज़ाक कर रहा रही हूँ। main bas mazāk kar raha rahī hūn.
Êtes-vous sérieux /sérieuse/?	क्या आप सीरियस हैं? kya āp sīriyas hain?
Je suis sérieux /sérieuse/	मैं सीरियस हूँ। main sīriyas hūn.

Vraiment?!

सच में?!
sach men?!

C'est incroyable!

मुझे यकिन नहीं होता!
mujhe yakin nahin hota!

Je ne vous crois pas.

मुझे तुम पर यकिन नहीं है।
mujhe tum par yakin nahin hai.

Je ne peux pas.

मैं नहीं आ सकता /सकती/।
main nahin ā sakata /sakatī/.

Je ne sais pas.

मुझे नहीं मालूम।
mujhe nahin mālūm.

Je ne vous comprends pas

मुझे आपकी बात समझ नहीं आई।
mujhe āpakī bāt samajh nahin āī.

Laissez-moi! Allez-vous-en!

यहाँ से चले जाईये।
yahān se chale jāīye.

Laissez-moi tranquille!

मुझे अकेला छोड़ दो!
mujhe akela chhor do!

Je ne le supporte pas.

मैं उसे बर्दाश्त नहीं कर सकता /सकती/ हूँ।
main use bardāsht nahin kar sakata /sakatī/ hūn.

Vous êtes dégoûtant!

तुमसे घिन्न आती है!
tumase ghinn ātī hai!

Je vais appeler la police!

मैं पुलिस बुला लूँगा /लूँगी/!
main pulis bula lūnga /lūngī/!

Partager des impressions. Émotions

J'aime ça.
मुझे यह पसंद है।
mujhe yah pasand hai.

C'est gentil.
बहुत अच्छा।
bahut achchha.

C'est super!
बहुत बढ़िया!
bahut barhiya!

C'est assez bien.
बुरा नहीं है।
bura nahin hai.

Je n'aime pas ça.
मुझे यह पसंद नहीं है।
mujhe yah pasand nahin hai.

Ce n'est pas bien.
यह अच्छा नहीं है।
yah achchha nahin hai.

C'est mauvais.
यह बुरा है।
yah bura hai.

Ce n'est pas bien du tout.
यह बहुत बुरा है।
yah bahut bura hai.

C'est dégoûtant.
यह घिनौना है।
yah ghinauna hai.

Je suis content /contente/
मैं खुश हूँ।
main khush hūn.

Je suis heureux /heureuse/
मैं संतुष्ट हूँ।
main santusht hūn.

Je suis amoureux /amoureuse/
मुझे प्यार हो गया है।
mujhe pyār ho gaya hai.

Je suis calme.
मैं शांत हूँ।
main shānt hūn.

Je m'ennuie.
मुझे बोरियत हो रही है।
mujhe boriyat ho rahī hai.

Je suis fatigué /fatiguée/
मैं थक गया /गई/ हूँ।
main thak gaya /gaī/ hūn.

Je suis triste.
मैं दुखी हूँ।
main dukhī hūn.

J'ai peur.
मुझे डर लग रहा हैं।
mujhe dar lag raha hain.

Je suis fâché /fâchée/
मुझे गुस्सा आ रहा है।
mujhe gussa ā raha hai.

Je suis inquiet /inquiète/
मैं परेशान हूँ।
main pareshān hūn.

Je suis nerveux /nerveuse/
मुझे घवराहट हो रही है।
mujhe ghavarāhat ho rahī hai.

Je suis jaloux /jalouse/

मुझे जलन हो रही है।
mujhe jalan ho rahī hai.

Je suis surpris /surprise/

मुझे हैरानी हो रही है।
mujhe hairānī ho rahī hai.

Je suis gêné /gênée/

मुझे समझ नहीं आ रहा है।
mujhe samajh nahin ā raha hai.

Problèmes. Accidents

J'ai un problème.	मुझे एक परेशानी है। mujhe ek pareshānī hai.
Nous avons un problème.	हमें परेशानी है। hamen pareshānī hai.
Je suis perdu /perdue/	मैं खो गया /गई/ हूँ। main kho gaya /gaī/ hūn.
J'ai manqué le dernier bus (train).	मुझसे आख़िरी बस छूट गई। mujhase ākhirī bas chhūt gaī.
Je n'ai plus d'argent.	मेरे पास पैसे नहीं बचे। mere pās paise nahin bache.
J'ai perdu mon …	मेरा … खो गया है। mera … kho gaya hai.
On m'a volé mon …	किसी ने मेरा … चुरा लिया। kisī ne mera … chura liya.
passeport	पासपोर्ट pāsaport
portefeuille	बटुआ batua
papiers	कागज़ात kāgazāt
billet	टिकट tikat
argent	पैसा paisa
sac à main	पर्स pars
appareil photo	कैमरा kaimara
portable	लैपटॉप laipatop
ma tablette	टैबलेट taibalet
mobile	मोबाइल फ़ोन mobail fon
Au secours!	मेरी मदद करो! merī madad karo!
Qu'est-il arrivé?	क्या हुआ? kya hua?
un incendie	आग āg

des coups de feu

गोलियाँ चल रही हैं
goliyān chal rahī hain

un meurtre

कत्ल हो गया है
katl ho gaya hai

une explosion

विस्फोट हो गया है
visfot ho gaya hai

une bagarre

लड़ाई हो गई है
laraī ho gaī hai

Appelez la police!

पुलिस को बुलाओ!
pulis ko bulāo!

Dépêchez-vous, s'il vous plaît!

कृपया जल्दी करें!
krpaya jaldī karen!

Je cherche le commissariat de police.

मैं पुलिस थाना ढूंढ रहा /रही/ हूँ।
main pulis thāna dhūnrh raha /rahī/ hūn.

Il me faut faire un appel.

मुझे फ़ोन करना है।
mujhe fon karana hai.

Puis-je utiliser votre téléphone?

क्या मैं आपका फ़ोन इस्तेमाल
कर सकता /सकती/ हूँ?
kya main āpaka fon istemāl
kar sakata /sakatī/ hūn?

---

agressé /agressée/

मेरा सामान चुरा लिया गया है
mera sāmān chura liya gaya hai

volé /volée/

मुझे लूट लिया गया है
mujhe lūt liya gaya hai

violée

मेरा बालात्कार किया गया है
mera bālātkār kiya gaya hai

attaqué /attaquée/

मुझे पीटा गया है
mujhe pīta gaya hai

Est-ce que ça va?

क्या आप ठीक हैं?
kya āp thīk hain?

Avez-vous vu qui c'était?

क्या आपने देखा कौन था?
kya āpane dekha kaun tha?

Pourriez-vous reconnaître
cette personne?

क्या आप उसे पहचान सकेंगे
/सकेंगी/?
kya āp use pahachān sakenge
/sakengī/?

Vous êtes sûr?

क्या आपको यकीन है?
kya āpako yakīn hai?

Calmez-vous, s'il vous plaît.

कृपया शांत हो जाएं।
krpaya shānt ho jaen.

Calmez-vous!

आराम से!
ārām se!

Ne vous inquiétez pas.

चिंता मत करो!
chinta mat karo!

Tout ira bien.

सब ठीक हो जायेगा।
sab thīk ho jāyega.

Ça va. Tout va bien.

सब कुछ ठीक है।
sab kuchh thīk hai.

Venez ici, s'il vous plaît.

कृपया यहाँ आइये।
kṛpaya yahān āiye.

J'ai des questions à vous poser.

मेरे पास तुम्हारे लिए कुछ प्रश्न है।
mere pās tumhāre lie kuchh prashn hai.

Attendez un moment, s'il vous plaît.

कृपया एक क्षण रुकें।
kṛpaya ek kshan ruken.

Avez-vous une carte d'identité?

क्या आपके पास आईडी है?
kya āpake pās āīdī hai?

Merci. Vous pouvez partir maintenant.

धन्यवाद। आप अब जा सकते
/सकती/ हैं।
dhanyavād. āp ab ja sakate
/sakatī/ hain.

Les mains derrière la tête!

अपने हाथ सिर के पीछे रखें!
apane hāth sir ke pīchhe rakhen!

Vous êtes arrêté!

आप हिरासत में हैं!
āp hirāsat men hain!

Problèmes de santé

Aidez-moi, s'il vous plaît.	कृपया मेरी मदद करें। kṛpaya merī madad karen.
Je ne me sens pas bien.	मेरी तबियत ठीक नहीं है। merī tabiyat thīk nahin hai.
Mon mari ne se sent pas bien.	मेरे पति को ठीक महसूस नहीं हो रहा है। mere pati ko thīk mahasūs nahin ho raha hai.
Mon fils ...	मेरे बेटे ... mere bete ...
Mon père ...	मेरे पिता ... mere pita ...
Ma femme ne se sent pas bien.	मेरी पत्नी को ठीक महसूस नहीं हो रहा है। merī patnī ko thīk mahasūs nahin ho raha hai.
Ma fille ...	मेरी बेटी ... merī betī ...
Ma mère ...	मेरी माँ ... merī mān ...
à la tête	मुझे सिरदर्द है। mujhe siradard hai.
à la gorge	मेरा गला ख़राब है। mera gala kharāb hai.
à l'estomac	मेरे पेट में दर्द है। mere pet men dard hai.
aux dents	मेरे दाँत में दर्द है। mere dānt men dard hai.
J'ai le vertige.	मुझे चक्कर आ रहा है। mujhe chakkar ā raha hai.
Il a de la fièvre.	इसे बुख़ार है। ise bukhār hai.
Elle a de la fièvre.	इसे बुख़ार है। ise bukhār hai.
Je ne peux pas respirer.	मैं साँस नहीं ले पा रहा /रही/ हूँ। main sāns nahin le pa raha /rahī/ hūn.
J'ai du mal à respirer.	मेरी साँस फूल रही है। merī sāns fūl rahī hai.
Je suis asthmatique.	मुझे दमा है। mujhe dama hai.

Je suis diabétique.

मैं मधुमेह का /की/ रोगी हूँ।
main madhumeh ka /kī/ rogī hūn.

Je ne peux pas dormir.

मैं सो नहीं पा रहा /रही/ हूँ।
main so nahin pa raha /rahī/ hūn.

intoxication alimentaire

फ़ूड पॉएज़निंग
fūd poezaning

Ça fait mal ici.

यहाँ दुखता हैं
yahān dukhata hain.

Aidez-moi!

मेरी मदद करो!
merī madad karo!

Je suis ici!

मैं यहाँ हूँ!
main yahān hūn!

Nous sommes ici!

हम यहाँ हैं!
ham yahān hain!

Sortez-moi d'ici!

मुझे यहां से बाहर निकालो!
mujhe yahān se bāhar nikālo!

J'ai besoin d'un docteur.

मुझे एक डॉक्टर की ज़रूरत है।
mujhe ek doktar kī zarurat hai.

Je ne peux pas bouger!

मैं हिल नहीं सकता /सकती/ हूँ।
main hil nahin sakata /sakatī/ hūn.

Je ne peux pas bouger mes jambes.

मैं अपने पैरों को नहीं हिला
पा रहा /रही/ हूँ।
main apane pairon ko nahin hila
pa raha /rahī/ hūn.

Je suis blessé /blessée/

मुझे चोट लगी है।
mujhe chot lagī hai.

Est-ce que c'est sérieux?

क्या यह गंभीर है?
kya yah gambhīr hai?

Mes papiers sont dans ma poche.

मेरे दस्तावेज़ मेरी जेब में हैं।
mere dastāvez merī jeb men hain.

Calmez-vous!

शांत हो जाओ!
shānt ho jao!

Puis-je utiliser votre téléphone?

क्या मैं आपका फ़ोन इस्तेमाल
कर सकता /सकती/ हूँ?
kya main āpaka fon istemāl
kar sakata /sakatī/ hūn?

Appelez une ambulance!

एम्बुलेन्स बुलाओ!
embulens bulao!

C'est urgent!

बहुत ज़रूरी है!
bahut zarūrī hai!

C'est une urgence!

यह एक आपातकाल है!
yah ek āpātakāl hai!

Dépêchez-vous, s'il vous plaît!

कृपया जल्दी करें!
krpaya jaldī karen!

Appelez le docteur, s'il vous plaît.

क्या आप डॉक्टर को बुला देंगे /देंगी/?
kya āp doktar ko bula denge /dengī/?

Où est l'hôpital?

अस्पताल कहाँ है?
aspatāl kahān hai?

Comment vous sentez-vous?	आप कैसा महसूस कर रहे /रही/ हैं? āp kaisa mahasūs kar rahe /rahī/ hain?
Est-ce que ça va?	क्या आप ठीक हैं? kya āp thīk hain?
Qu'est-il arrivé?	क्या हुआ? kya hua?
Je me sens mieux maintenant.	मैं अब ठीक हूँ। main ab thīk hūn.
Ça va. Tout va bien.	सब ठीक है। sab thīk hai.
Ça va.	सब कुछ ठीक है। sab kuchh thīk hai.

À la pharmacie

pharmacie	दवा की दुकान dava kī dukān
pharmacie 24 heures	चौबीसू घंटे खुलने वाली दवा की दुकान chaubīs ghante khulane vālī dava kī dukān
Où se trouve la pharmacie la plus proche?	सबसे करीबी दवा की दुकान कहाँ है? sabase karībī dava kī dukān kahān hai?
Est-elle ouverte en ce moment?	क्या वह अभी खुली है? kya vah abhī khulī hai?
À quelle heure ouvre-t-elle?	वह कितने बजे खुलती है? vah kitane baje khulatī hai?
à quelle heure ferme-t-elle?	वह कितने बजे बंद होती है? vah kitane baje band hotī hai?
C'est loin?	क्या वह दूर है? kya vah dūr hai?
Est-ce que je peux y aller à pied?	क्या मैं वहाँ पैदल जा सकता /सकती/ हूँ? kya main vahān paidal ja sakata /sakatī/ hūn?
Pouvez-vous me le montrer sur la carte?	क्या आप मुझे नक़्शे पर दिखा सकते /सकती/ हैं? kya āp mujhe nakshe par dikha sakate /sakatī/ hain?
Pouvez-vous me donner quelque chose contre …	मुझे … के लिए कुछ दे दें। mujhe … ke lie kuchh de den.
le mal de tête	सिरदर्द siradard
la toux	खाँसी khānsī
le rhume	ज़ुकाम zukām
la grippe	ज़ुकाम-बुखार zukām-bukhār
la fièvre	बुखार bukhār
un mal d'estomac	पेट दर्द pet dard
la nausée	मतली matalī

la diarrhée	दस्त dast
la constipation	कब्ज़ kabz

un mal de dos	पीठ दर्द pīth dard
les douleurs de poitrine	सीने में दर्द sīne men dard
les points de côté	पेट की माँसपेशी में दर्द pet kī mānsapeshī men dard
les douleurs abdominales	पेट दर्द pet dard

une pilule	दवा dava
un onguent, une crème	मरहम, क्रीम maraham, krīm
un sirop	सिरप sirap
un spray	स्प्रे spre
les gouttes	ड्रॉप drop

Vous devez allez à l'hôpital.	आपको अस्पताल जाना चाहिए। āpako aspatāl jāna chāhie.
assurance maladie	स्वास्थ्य बीमा svāsthy bīma
prescription	नुस्खा nuskha
produit anti-insecte	कीटरोधक kītarodhak
bandages adhésifs	बैंड एड baind ed

Les essentiels

Excusez-moi, …

माफ़ कीजिएगा, …
māf kījiega, ...

Bonjour

नमस्कार।
namaskār.

Merci

शुक्रिया।
shukriya.

Au revoir

अलविदा।
alavida.

Oui

हाँ।
hān.

Non

नहीं।
nahin.

Je ne sais pas.

मुझे नहीं मालूम।
mujhe nahin mālūm.

Où? | Où? | Quand?

कहाँ? | कहाँ जाना है? | कब?
kahān? | kahān jāna hai? | kab?

J'ai besoin de …

मुझे … चाहिए।
mujhe ... chāhie.

Je veux …

मैं … चाहता /चाहती/ हूँ।
main ... chāhata /chāhatī/ hūn.

Avez-vous … ?

क्या आपके पास … है?
kya āpake pās ... hai?

Est-ce qu'il y a … ici?

क्या यहाँ … है?
kya yahān … hai?

Puis-je … ?

क्या मैं … सकता /सकती/ हूँ?
kya main ... sakata /sakatī/ hūn?

s'il vous plaît (pour une demande)

…, कृपया।
..., krpaya.

Je cherche …

मैं … ढूंढ रहा /रही/ हूँ।
main ... dhūnrh raha /rahī/ hūn.

les toilettes

शौचालय
shauchālay

un distributeur

एटीएम
etīem

une pharmacie

दवा की दुकान
dava kī dukān

l'hôpital

अस्पताल
aspatāl

le commissariat de police

पुलिस थाना
pulis thāna

une station de métro

मेट्रो
metro

un taxi	टैक्सी taiksī
la gare	ट्रेन स्टेशन tren steshan

Je m'appelle ...	मेरा नाम ... है। mera nām ... hai
Comment vous appelez-vous?	आपका क्या नाम है? āpaka kya nām hai?
Aidez-moi, s'il vous plaît.	क्या आप मेरी मदद कर सकते /सकती/ हैं? kya āp merī madad kar sakate /sakatī/ hain?
J'ai un problème.	मुझे एक परेशानी है। mujhe ek pareshānī hai.
Je ne me sens pas bien.	मेरी तबियत ठीक नहीं है। merī tabiyat thīk nahin hai.
Appelez une ambulance!	एम्बुलेन्स बुलाओ! embulens bulao!
Puis-je faire un appel?	क्या मैं एक फ़ोन कर सकता /सकती/ हूँ? kya main ek fon kar sakata /sakatī/ hūn?

Excusez-moi.	मुझे माफ़ करना। mujhe māf kar do.
Je vous en prie.	आपका स्वागत है। āpaka svāgat hai.

je, moi	मैं main
tu, toi	तू tu
il	वह vah
elle	वह vah
ils	वे ve
elles	वे ve
nous	हम ham
vous	तुम tum
Vous	आप āp

ENTRÉE	प्रवेश pravesh
SORTIE	निकास nikās

HORS SERVICE | EN PANNE	ख़राब है
	kharāb hai
FERMÉ	बंद
	band
OUVERT	खुला
	khula
POUR LES FEMMES	महिलाओं के लिए
	mahilaon ke lie
POUR LES HOMMES	पुरूषों के लिए
	purūshon ke lie

VOCABULAIRE
THÉMATIQUE

Cette section contient plus
de 3000 des mots les plus
importants. Le dictionnaire
sera d'une aide indispensable
lors de voyages à l'étranger
puisque les mots individuels
sont souvent assez pour être
compris. Le dictionnaire
comprend une transcription
utile de chaque mot

T&P Books Publishing

CONTENU DU DICTIONNAIRE

T&P Books Publishing

CONCEPTS DE BASE

1. Les pronoms

je	मैं	main
tu	तुम	tum
il, elle, ça	वह	vah
nous	हम	ham
vous	आप	āp
ils, elles	वे	ve

2. Adresser des vœux. Se dire bonjour

Bonjour! (fam.)	नमस्कार!	namaskār!
Bonjour! (form.)	नमस्ते!	namaste!
Bonjour! (le matin)	नमस्ते!	namaste!
Bonjour! (après-midi)	नमस्ते!	namaste!
Bonsoir!	नमस्ते!	namaste!
dire bonjour	नमस्कार कहना	namaskār kahana
Salut!	नमस्कार!	namaskār!
salut (m)	अभिवादन (m)	abhivādan
saluer (vt)	अभिवादन करना	abhivādan karana
Comment ça va?	आप कैसे हैं?	āp kaise hain?
Quoi de neuf?	क्या हाल है?	kya hāl hai?
Au revoir!	अलविदा!	alavida!
À bientôt!	फिर मिलेंगे!	fir milenge!
Adieu! (fam.)	अलिवदा!	alivada!
Adieu! (form.)	अलविदा!	alavida!
dire au revoir	अलविदा कहना	alavida kahana
Salut! (À bientôt!)	अलविदा!	alavida!
Merci!	धन्यवाद!	dhanyavād!
Merci beaucoup!	बहुत बहुत शुक्रिया!	bahut bahut shukriya!
Je vous en prie	कोई बात नहीं	koī bāt nahin
Il n'y a pas de quoi	कोई बात नहीं	koī bāt nahin
Pas de quoi	कोई बात नहीं	koī bāt nahin
Excuse-moi!	माफ़ कीजिएगा!	māf kījiega!
Excusez-moi!	माफ़ी कीजियेगा!	māfī kījiyega!
excuser (vt)	माफ़ करना	māf karana
s'excuser (vp)	माफ़ी मांगना	māfī māngana
Mes excuses	मुझे माफ़ कीजिएगा	mujhe māf kījiega

Pardonnez-moi!	मुझे माफ़ कीजिएगा!	mujhe māf kījiega!
pardonner (vt)	माफ़ करना	māf karana
s'il vous plaît	कृप्या	krpya
N'oubliez pas!	भूलना नहीं!	bhūlana nahin!
Bien sûr!	ज़रूर!	zarūr!
Bien sûr que non!	बिल्कुल नहीं!	bilkul nahin!
D'accord!	ठीक है!	thīk hai!
Ça suffit!	बहुत हुआ!	bahut hua!

3. Les questions

Qui?	कौन?	kaun?
Quoi?	क्या?	kya?
Où? (~ es-tu?)	कहाँ?	kahān?
Où? (~ vas-tu?)	किधर?	kidhar?
D'où?	कहाँ से?	kahān se?
Quand?	कब?	kab?
Pourquoi? (~ es-tu venu?)	क्यों?	kyon?
Pourquoi? (~ t'es pâle?)	क्यों?	kyon?
À quoi bon?	किस लिये?	kis liye?
Comment?	कैसे?	kaise?
Quel? (à ~ prix?)	कौन-सा?	kaun-sa?
Lequel?	कौन-सा?	kaun-sa?
À qui? (pour qui?)	किसको?	kisako?
De qui?	किसके बारे में?	kisake bāre men?
De quoi?	किसके बारे में?	kisake bāre men?
Avec qui?	किसके?	kisake?
Combien?	कितना?	kitana?
À qui? (~ est ce livre?)	किसका?	kisaka?

4. Les prépositions

avec (~ toi)	के साथ	ke sāth
sans (~ sucre)	के बिना	ke bina
à (aller ~ ...)	की तरफ़	kī taraf
de (au sujet de)	के बारे में	ke bāre men
avant (~ midi)	के पहले	ke pahale
devant (~ la maison)	के सामने	ke sāmane
sous (~ la commode)	के नीचे	ke nīche
au-dessus de ...	के ऊपर	ke ūpar
sur (dessus)	पर	par
de (venir ~ Paris)	से	se
en (en bois, etc.)	से	se

dans (~ deux heures)	में	men
par dessus	के ऊपर चढ़कर	ke ūpar charhakar

5. Les mots-outils. Les adverbes. Partie 1

Où? (~ es-tu?)	कहाँ?	kahān?
ici (c'est ~)	यहाँ	yahān
là-bas (c'est ~)	वहां	vahān
quelque part (être)	कहीं	kahīn
nulle part (adv)	कहीं नहीं	kahīn nahin
près de ...	के पास	ke pās
près de la fenêtre	खिड़की के पास	khirakī ke pās
Où? (~ vas-tu?)	किधर?	kidhar?
ici (Venez ~)	इधर	idhar
là-bas (j'irai ~)	उधर	udhar
d'ici (adv)	यहां से	yahān se
de là-bas (adv)	वहां से	vahān se
près (pas loin)	पास	pās
loin (adv)	दूर	dūr
près de (~ Paris)	निकट	nikat
tout près (adv)	पास	pās
pas loin (adv)	दूर नहीं	dūr nahin
gauche (adj)	बायाँ	bāyān
à gauche (être ~)	बायीं तरफ़	bāyīn taraf
à gauche (tournez ~)	बायीं तरफ़	bāyīn taraf
droit (adj)	दायां	dāyān
à droite (être ~)	दायीं तरफ़	dāyīn taraf
à droite (tournez ~)	दायीं तरफ़	dāyīn taraf
devant (adv)	सामने	sāmane
de devant (adj)	सामने का	sāmane ka
en avant (adv)	आगे	āge
derrière (adv)	पीछे	pīchhe
par derrière (adv)	पीछे से	pīchhe se
en arrière (regarder ~)	पीछे	pīchhe
milieu (m)	बीच (m)	bīch
au milieu (adv)	बीच में	bīch men
de côté (vue ~)	कोने में	kone men
partout (adv)	सभी	sabhī
autour (adv)	आस-पास	ās-pās

de l'intérieur	अंदर से	andar se
quelque part (aller)	कहीं	kahīn
tout droit (adv)	सीधे	sīdhe
en arrière (revenir ~)	वापस	vāpas

| de quelque part (n'import d'où) | कहीं से भी | kahīn se bhī |
| de quelque part (on ne sait pas d'où) | कहीं से | kahīn se |

premièrement (adv)	पहले	pahale
deuxièmement (adv)	दूसरा	dūsara
troisièmement (adv)	तीसरा	tīsara

soudain (adv)	अचानक	achānak
au début (adv)	शुरू में	shurū men
pour la première fois	पहली बार	pahalī bār
bien avant …	बहुत समय पहले …	bahut samay pahale …
de nouveau (adv)	नई शुरूआत	naī shurūāt
pour toujours (adv)	हमेशा के लिए	hamesha ke lie

jamais (adv)	कभी नहीं	kabhī nahin
de nouveau, encore (adv)	फिर से	fir se
maintenant (adv)	अब	ab
souvent (adv)	अकसर	akasar
alors (adv)	तब	tab
d'urgence (adv)	तत्काल	tatkāl
d'habitude (adv)	आमतौर पर	āmataur par

à propos, …	प्रसंगवश	prasangavash
c'est possible	मुमकिन	mumakin
probablement (adv)	संभव	sambhav
peut-être (adv)	शायद	shāyad
en plus, …	इस के अलावा	is ke alāva
c'est pourquoi …	इस लिए	is lie
malgré …	फिर भी …	fir bhī …
grâce à …	… की मेहरबानी से	… kī meharabānī se

quoi (pron)	क्या	kya
que (conj)	कि	ki
quelque chose (Il m'est arrivé ~)	कुछ	kuchh
quelque chose (peut-on faire ~)	कुछ भी	kuchh bhī
rien (m)	कुछ नहीं	kuchh nahin

qui (pron)	कौन	kaun
quelqu'un (on ne sait pas qui)	कोई	koī
quelqu'un (n'importe qui)	कोई	koī
personne (pron)	कोई नहीं	koī nahin
nulle part (aller ~)	कहीं नहीं	kahīn nahin

| de personne | किसी का नहीं | kisī ka nahin |
| de n'importe qui | किसी का | kisī ka |

comme ça (adv)	कितना	kitana
également (adv)	भी	bhī
aussi (adv)	भी	bhī

6. Les mots-outils. Les adverbes. Partie 2

Pourquoi?	क्यों?	kyon?
pour une certaine raison	किसी कारणवश	kisī kāranavash
parce que ...	क्यों कि ...	kyon ki ...
pour une raison quelconque	किसी वजह से	kisī vajah se

et (conj)	और	aur
ou (conj)	या	ya
mais (conj)	लेकिन	lekin
pour ... (prep)	के लिए	ke lie

trop (adv)	ज़्यादा	zyāda
seulement (adv)	सिर्फ़	sirf
précisément (adv)	ठीक	thīk
près de ... (prep)	करीब	karīb

approximativement	लगभग	lagabhag
approximatif (adj)	अनुमानित	anumānit
presque (adv)	करीब	karīb
reste (m)	बाक़ी	bāqī
chaque (adj)	हर एक	har ek
n'importe quel (adj)	कोई	koī
beaucoup (adv)	बहुत	bahut
plusieurs (pron)	बहुत लोग	bahut log
tous	सभी	sabhī

en échange de ...	... के बदले में	... ke badale men
en échange (adv)	की जगह	kī jagah
à la main (adv)	हाथ से	hāth se
peu probable (adj)	शायद ही	shāyad hī

probablement (adv)	शायद	shāyad
exprès (adv)	जानबूझकर	jānabūjhakar
par accident (adv)	संयोगवश	sanyogavash

très (adv)	बहुत	bahut
par exemple (adv)	उदाहरण के लिए	udāharan ke lie
entre (prep)	के बीच	ke bīch
parmi (prep)	में	men
autant (adv)	इतना	itana
surtout (adv)	ख़ासतौर पर	khāsataur par

NOMBRES. DIVERS

T&P Books Publishing

zéro	ज़ीरो	zīro
un	एक	ek
deux	दो	do
trois	तीन	tīn
quatre	चार	chār
cinq	पाँच	pānch
six	छह	chhah
sept	सात	sāt
huit	आठ	āth
neuf	नौ	nau
dix	दस	das
onze	ग्यारह	gyārah
douze	बारह	bārah
treize	तेरह	terah
quatorze	चौदह	chaudah
quinze	पन्द्रह	pandrah
seize	सोलह	solah
dix-sept	सत्रह	satrah
dix-huit	अठारह	athārah
dix-neuf	उन्नीस	unnīs
vingt	बीस	bīs
vingt et un	इक्कीस	ikkīs
vingt-deux	बाईस	baīs
vingt-trois	तेईस	teīs
trente	तीस	tīs
trente et un	इकत्तीस	ikattīs
trente-deux	बत्तीस	battīs
trente-trois	तैंतीस	taintīs
quarante	चालीस	chālīs
quarante et un	इक्तालीस	iktālīs
quarante-deux	बयालीस	bayālīs
quarante-trois	तैंतालीस	taintālīs
cinquante	पचास	pachās
cinquante et un	इक्ट्यावन	ikyāvan
cinquante-deux	बावन	bāvan
cinquante-trois	तिरपन	tirapan
soixante	साठ	sāth

soixante et un	इकसठ	ikasath
soixante-deux	बासठ	bāsath
soixante-trois	तिरसठ	tirasath
soixante-dix	सत्तर	sattar
soixante et onze	इकहत्तर	ikahattar
soixante-douze	बहत्तर	bahattar
soixante-treize	तिहत्तर	tihattar
quatre-vingts	अस्सी	assī
quatre-vingt et un	इक्यासी	ikyāsī
quatre-vingt deux	बयासी	bayāsī
quatre-vingt trois	तिरासी	tirāsī
quatre-vingt-dix	नब्बे	nabbe
quatre-vingt et onze	इक्यानवे	ikyānave
quatre-vingt-douze	बानवे	bānave
quatre-vingt-treize	तिरानवे	tirānave

8. Les nombres cardinaux. Partie 2

cent	सौ	sau
deux cents	दो सौ	do sau
trois cents	तीन सौ	tīn sau
quatre cents	चार सौ	chār sau
cinq cents	पाँच सौ	pānch sau
six cents	छह सौ	chhah sau
sept cents	सात सो	sāt so
huit cents	आठ सौ	āth sau
neuf cents	नौ सौ	nau sau
mille	एक हज़ार	ek hazār
deux mille	दो हज़ार	do hazār
trois mille	तीन हज़ार	tīn hazār
dix mille	दस हज़ार	das hazār
cent mille	एक लाख	ek lākh
million (m)	दस लाख (m)	das lākh
milliard (m)	अरब (m)	arab

9. Les nombres ordinaux

premier (adj)	पहला	pahala
deuxième (adj)	दूसरा	dūsara
troisième (adj)	तीसरा	tīsara
quatrième (adj)	चौथा	chautha
cinquième (adj)	पाँचवाँ	pānchavān
sixième (adj)	छठा	chhatha

septième (adj)	सातवाँ	sātavān
huitième (adj)	आठवाँ	āthavān
neuvième (adj)	नौवाँ	nauvān
dixième (adj)	दसवाँ	dasavān

LES COULEURS.
LES UNITÉS DE MESURE

T&P Books Publishing

10. Les couleurs

couleur (f)	रंग (m)	rang
teinte (f)	रंग (m)	rang
ton (m)	रंग (m)	rang
arc-en-ciel (m)	इन्द्रधनुष (f)	indradhanush
blanc (adj)	सफ़ेद	safed
noir (adj)	काला	kāla
gris (adj)	धूसर	dhūsar
vert (adj)	हरा	hara
jaune (adj)	पीला	pīla
rouge (adj)	लाल	lāl
bleu (adj)	नीला	nīla
bleu clair (adj)	हल्का नीला	halka nīla
rose (adj)	गुलाबी	gulābī
orange (adj)	नारंगी	nārangī
violet (adj)	बैंगनी	bainganī
brun (adj)	भूरा	bhūra
d'or (adj)	सुनहरा	sunahara
argenté (adj)	चाँदी-जैसा	chāndī-jaisa
beige (adj)	हल्का भूरा	halka bhūra
crème (adj)	क्रीम	krīm
turquoise (adj)	फ़ीरोज़ी	fīrozī
rouge cerise (adj)	चेरी जैसा लाल	cherī jaisa lāl
lilas (adj)	हल्का बैंगनी	halka bainganī
framboise (adj)	गहरा लाल	gahara lāl
clair (adj)	हल्का	halka
foncé (adj)	गहरा	gahara
vif (adj)	चमकीला	chamakīla
de couleur (adj)	रंगीन	rangīn
en couleurs (adj)	रंगीन	rangīn
noir et blanc (adj)	काला-सफ़ेद	kāla-safed
unicolore (adj)	एक रंग का	ek rang ka
multicolore (adj)	बहुरंगी	bahurangī

11. Les unités de mesure

poids (m)	वज़न (m)	vazan
longueur (f)	लम्बाई (f)	lambaī

largeur (f)	चौड़ाई (f)	chauraī
hauteur (f)	ऊंचाई (f)	ūnchaī
profondeur (f)	गहराई (f)	gaharaī
volume (m)	घनत्व (f)	ghanatv
aire (f)	क्षेत्रफल (m)	kshetrafal

gramme (m)	ग्राम (m)	grām
milligramme (m)	मिलीग्राम (m)	milīgrām
kilogramme (m)	किलोग्राम (m)	kilogrām
tonne (f)	टन (m)	tan
livre (f)	पौण्ड (m)	paund
once (f)	औन्स (m)	auns

mètre (m)	मीटर (m)	mītar
millimètre (m)	मिलीमीटर (m)	milīmītar
centimètre (m)	सेंटीमीटर (m)	sentīmītar
kilomètre (m)	किलोमीटर (m)	kilomītar
mille (m)	मील (m)	mīl

pouce (m)	इंच (m)	inch
pied (m)	फुट (m)	fut
yard (m)	गज (m)	gaj

mètre (m) carré	वर्ग मीटर (m)	varg mītar
hectare (m)	हेक्टेयर (m)	hekteyar
litre (m)	लीटर (m)	lītar
degré (m)	डिग्री (m)	digrī
volt (m)	वोल्ट (m)	volt
ampère (m)	ऐम्पेयर (m)	aimpeyar
cheval-vapeur (m)	अश्व शक्ति (f)	ashv shakti

quantité (f)	मात्रा (f)	mātra
un peu de …	कुछ …	kuchh …
moitié (f)	आधा (m)	ādha
douzaine (f)	दर्जन (m)	darjan
pièce (f)	टुकड़ा (m)	tukara

dimension (f)	माप (m)	māp
échelle (f) (de la carte)	पैमाना (m)	paimāna

minimal (adj)	न्यूनतम	nyūnatam
le plus petit (adj)	सब से छोटा	sab se chhota
moyen (adj)	मध्य	madhy
maximal (adj)	अधिकतम	adhikatam
le plus grand (adj)	सबसे बड़ा	sabase bara

12. Les récipients

bocal (m) en verre	शीशी (f)	shīshī
boîte, canette (f)	डिब्बा (m)	dibba

seau (m)	बाल्टी (f)	bāltī
tonneau (m)	पीपा (m)	pīpa
bassine, cuvette (f)	चिलमची (f)	chilamachī
cuve (f)	कुण्ड (m)	kund
flasque (f)	फ़्लास्क (m)	flāsk
jerrican (m)	जेरिकैन (m)	jerikain
citerne (f)	टंकी (f)	tankī
tasse (f), mug (m)	मग (m)	mag
tasse (f)	प्याली (f)	pyālī
soucoupe (f)	सॉसर (m)	sosar
verre (m) (~ d'eau)	गिलास (m)	gilās
verre (m) à vin	वाइन गिलास (m)	vain gilās
faitout (m)	सॉसपैन (m)	sosapain
bouteille (f)	बोतल (f)	botal
goulot (m)	गला (m)	gala
carafe (f)	जग (m)	jag
pichet (m)	सुराही (f)	surāhī
récipient (m)	बरतन (m)	baratan
pot (m)	घड़ा (m)	ghara
vase (m)	फूलदान (m)	fūladān
flacon (m)	शीशी (f)	shīshī
fiole (f)	शीशी (f)	shīshī
tube (m)	ट्यूब (m)	tyūb
sac (m) (grand ~)	थैला (m)	thaila
sac (m) (~ en plastique)	थैली (f)	thailī
paquet (m) (~ de cigarettes)	पैकेट (f)	paiket
boîte (f)	डिब्बा (m)	dibba
caisse (f)	डिब्बा (m)	dibba
panier (m)	टोकरी (f)	tokarī

T&P BOOKS

LES VERBES
LES PLUS IMPORTANTS

T&P Books Publishing

13. Les verbes les plus importants. Partie 1

aider (vt)	मदद करना	madad karana
aimer (qn)	प्यार करना	pyār karana
aller (à pied)	जाना	jāna
apercevoir (vt)	देखना	dekhana
appartenir à …	स्वामी होना	svāmī hona
appeler (au secours)	बुलाना	bulāna
attendre (vt)	इंतज़ार करना	intazār karana
attraper (vt)	पकड़ना	pakarana
avertir (vt)	चेतावनी देना	chetāvanī dena
avoir (vt)	होना	hona
avoir confiance	यकीन करना	yakīn karana
avoir faim	भूख लगना	bhūkh lagana
avoir peur	डरना	darana
avoir soif	प्यास लगना	pyās lagana
cacher (vt)	छिपाना	chhipāna
casser (briser)	तोड़ना	torana
cesser (vt)	बंद करना	band karana
changer (vt)	बदलना	badalana
chasser (animaux)	शिकार करना	shikār karana
chercher (vt)	तलाश करना	talāsh karana
choisir (vt)	चुनना	chunana
commander (~ le menu)	ऑर्डर करना	ordar karana
commencer (vt)	शुरू करना	shurū karana
comparer (vt)	तुलना करना	tulana karana
comprendre (vt)	समझना	samajhana
compter (dénombrer)	गिनना	ginana
compter sur …	भरोसा रखना	bharosa rakhana
confondre (vt)	गड़बड़ा जाना	garabara jāna
connaître (qn)	जानना	jānana
conseiller (vt)	सलाह देना	salāh dena
continuer (vt)	जारी रखना	jārī rakhana
contrôler (vt)	नियंत्रित करना	niyantrit karana
courir (vi)	दौड़ना	daurana
coûter (vt)	दाम होना	dām hona
créer (vt)	बनाना	banāna
creuser (vt)	खोदना	khodana
crier (vi)	चिल्लाना	chillāna

14. Les verbes les plus importants. Partie 2

décorer (~ la maison)	सजाना	sajāna
défendre (vt)	रक्षा करना	raksha karana
déjeuner (vi)	दोपहर का भोजन करना	dopahar ka bhojan karana
demander (~ l'heure)	पूछना	pūchhana
demander (de faire qch)	माँगना	māngana
descendre (vi)	उतरना	utarana
deviner (vt)	अंबाज़ा लगाना	andāza lagāna
dîner (vi)	रात्रिभोज करना	rātribhoj karana
dire (vt)	कहना	kahana
diriger (~ une usine)	प्रबंधन करना	prabandhan karana
discuter (vt)	चर्चा करना	charcha karana
donner (vt)	देना	dena
donner un indice	इशारा करना	ishāra karana
douter (vt)	शक करना	shak karana
écrire (vt)	लिखना	likhana
entendre (bruit, etc.)	सुनना	sunana
entrer (vi)	अंदर आना	andar āna
envoyer (vt)	भेजना	bhejana
espérer (vi)	आशा करना	āsha karana
essayer (vt)	कोशिश करना	koshish karana
être (vi)	होना	hona
être d'accord	राज़ी होना	rāzī hona
être nécessaire	आवश्यक होना	āvashyak hona
être pressé	जल्दी करना	jaldī karana
étudier (vt)	पढ़ाई करना	parhaī karana
exiger (vt)	माँगना	māngana
exister (vi)	होना	hona
expliquer (vt)	समझाना	samajhāna
faire (vt)	करना	karana
faire tomber	गिराना	girāna
finir (vt)	ख़त्म करना	khatm karana
garder (conserver)	रखना	rakhana
gronder, réprimander (vt)	डाँटना	dāntana
informer (vt)	खबर देना	khabar dena
insister (vi)	आग्रह करना	āgrah karana
insulter (vt)	अपमान करना	apamān karana
inviter (vt)	आमंत्रित करना	āmantrit karana
jouer (s'amuser)	खेलना	khelana

15. Les verbes les plus importants. Partie 3

libérer (ville, etc.)	आज़ाद करना	āzād karana
lire (vi, vt)	पढ़ना	parhana
louer (prendre en location)	किराए पर लेना	kirae par lena
manquer (l'école)	ग़ैर-हाज़िर होना	gair-hāzir hona
menacer (vt)	धमकाना	dhamakāna
mentionner (vt)	उल्लेख करना	ullekh karana
montrer (vt)	दिखाना	dikhāna
nager (vi)	तैरना	tairana
objecter (vt)	एतराज़ करना	etarāz karana
observer (vt)	देखना	dekhana
ordonner (mil.)	हुक्म देना	hukm dena
oublier (vt)	भूलना	bhūlana
ouvrir (vt)	खोलना	kholana
pardonner (vt)	क्षमा करना	kshama karana
parler (vi, vt)	बोलना	bolana
participer à …	भाग लेना	bhāg lena
payer (régler)	दाम चुकाना	dām chukāna
penser (vi, vt)	सोचना	sochana
permettre (vt)	अनुमति देना	anumati dena
plaire (être apprécié)	पसंद करना	pasand karana
plaisanter (vi)	मज़ाक करना	mazāk karana
planifier (vt)	योजना बनाना	yojana banāna
pleurer (vi)	रोना	rona
posséder (vt)	मालिक होना	mālik hona
pouvoir (v aux)	सकना	sakana
préférer (vt)	तरजीह देना	tarajīh dena
prendre (vt)	लेना	lena
prendre en note	लिख लेना	likh lena
prendre le petit déjeuner	नाश्ता करना	nāshta karana
préparer (le dîner)	खाना बनाना	khāna banāna
prévoir (vt)	उम्मीद करना	ummīd karana
prier (~ Dieu)	दुआ देना	dua dena
promettre (vt)	वचन देना	vachan dena
prononcer (vt)	उच्चारण करना	uchchāran karana
proposer (vt)	प्रस्ताव रखना	prastāv rakhana
punir (vt)	सज़ा देना	saza dena

16. Les verbes les plus importants. Partie 4

recommander (vt)	सिफ़ारिश करना	sifārish karana
regretter (vt)	अफ़सोस जताना	afasos jatāna

répéter (dire encore)	दोहराना	doharāna
répondre (vi, vt)	जवाब देना	javāb dena
réserver (une chambre)	बुक करना	buk karana
rester silencieux	चुप रहना	chup rahana
réunir (regrouper)	संयुक्त करना	sanyukt karana
rire (vi)	हंसना	hansana
s'arrêter (vp)	रुकना	rukana
s'asseoir (vp)	बैठना	baithana
sauver (la vie à qn)	बचाना	bachāna
savoir (qch)	मालूम होना	mālūm hona
se baigner (vp)	तैरना	tairana
se plaindre (vp)	शिकायत करना	shikāyat karana
se refuser (vp)	इन्कार करना	inkār karana
se tromper (vp)	गलती करना	galatī karana
se vanter (vp)	डींग मारना	dīng mārana
s'étonner (vp)	हैरान होना	hairān hona
s'excuser (vp)	माफ़ी मांगना	māfī māngana
signer (vt)	हस्ताक्षर करना	hastākshar karana
signifier (vt)	अर्थ होना	arth hona
s'intéresser (vp)	रुचि लेना	ruchi lena
sortir (aller dehors)	बाहर जाना	bāhar jāna
sourire (vi)	मुस्कुराना	muskurāna
sous-estimer (vt)	कम मूल्यांकन करना	kam mūlyānkan karana
suivre ... (suivez-moi)	पीछे चलना	pīchhe chalana
tirer (vi)	गोली चलाना	golī chalāna
tomber (vi)	गिरना	girana
toucher (avec les mains)	छूना	chhūna
tourner (~ à gauche)	मुड़ जाना	mur jāna
traduire (vt)	अनुवाद करना	anuvād karana
travailler (vi)	काम करना	kām karana
tromper (vt)	धोखा देना	dhokha dena
trouver (vt)	ढूंढना	dhūrhana
tuer (vt)	मार डालना	mār dālana
vendre (vt)	बेचना	bechana
venir (vi)	पहुँचना	pahunchana
voir (vt)	देखना	dekhana
voler (avion, oiseau)	उड़ना	urana
voler (qch à qn)	चुराना	churāna
vouloir (vt)	चाहना	chāhana

T&P BOOKS

LA NOTION DE TEMPS.
LE CALENDRIER

T&P Books Publishing

lundi (m)	सोमवार (m)	somavār
mardi (m)	मंगलवार (m)	mangalavār
mercredi (m)	बुधवार (m)	budhavār
jeudi (m)	गुरूवार (m)	gurūvār
vendredi (m)	शुक्रवार (m)	shukravār
samedi (m)	शनिवार (m)	shanivār
dimanche (m)	रविवार (m)	ravivār
aujourd'hui (adv)	आज	āj
demain (adv)	कल	kal
après-demain (adv)	परसों	parason
hier (adv)	कल	kal
avant-hier (adv)	परसों	parason
jour (m)	दिन (m)	din
jour (m) ouvrable	कार्यदिवस (m)	kāryadivas
jour (m) férié	सार्वजनिक छुट्टी (f)	sārvajanik chhuttī
jour (m) de repos	छुट्टी का दिन (m)	chhuttī ka din
week-end (m)	सप्ताहांत (m)	saptāhānt
toute la journée	सारा दिन	sāra din
le lendemain	अगला दिन	agala din
il y a 2 jours	दो दिन पहले	do din pahale
la veille	एक दिन पहले	ek din pahale
quotidien (adj)	दैनिक	dainik
tous les jours	हर दिन	har din
semaine (f)	हफ़्ता (f)	hafata
la semaine dernière	पिछले हफ़्ते	pichhale hafate
la semaine prochaine	अगले हफ़्ते	agale hafate
hebdomadaire (adj)	सप्ताहिक	saptāhik
chaque semaine	हर हफ़्ते	har hafate
2 fois par semaine	हफ़्ते में दो बार	hafate men do bār
tous les mardis	हर मंगलवार को	har mangalavār ko

matin (m)	सुबह (m)	subah
le matin	सुबह में	subah men
midi (m)	दोपहर (m)	dopahar
dans l'après-midi	दोपहर में	dopahar men
soir (m)	शाम (m)	shām

le soir	शाम में	shām men
nuit (f)	रात (f)	rāt
la nuit	रात में	rāt men
minuit (f)	आधी रात (f)	ādhī rāt
seconde (f)	सेकन्ड (m)	sekand
minute (f)	मिनट (m)	minat
heure (f)	घंटा (m)	ghanta
demi-heure (f)	आधा घंटा	ādha ghanta
un quart d'heure	सवा	sava
quinze minutes	पंद्रह मीनट	pandrah mīnat
vingt-quatre heures	24 घंटे (m)	chaubīs ghante
lever (m) du soleil	सूर्योदय (m)	sūryoday
aube (f)	सूर्योदय (m)	sūryoday
point (m) du jour	प्रातःकाल (m)	prātahkāl
coucher (m) du soleil	सूर्यास्त (m)	sūryāst
tôt le matin	सुबह-सवेरे	subah-savere
ce matin	इस सुबह	is subah
demain matin	कल सुबह	kal subah
cet après-midi	आज शाम	āj shām
dans l'après-midi	दोपहर में	dopahar men
demain après-midi	कल दोपहर	kal dopahar
ce soir	आज शाम	āj shām
demain soir	कल रात	kal rāt
à 3 heures précises	ठीक तीन बजे में	thīk tīn baje men
autour de 4 heures	लगभग चार बजे	lagabhag chār baje
vers midi	बारह बजे तक	bārah baje tak
dans 20 minutes	बीस मीनट में	bīs mīnat men
dans une heure	एक घंटे में	ek ghante men
à temps	ठीक समय पर	thīk samay par
… moins le quart	पौने … बजे	paune … baje
en une heure	एक घंटे के अंदर	ek ghante ke andar
tous les quarts d'heure	हर पंद्रह मीनट	har pandrah mīnat
24 heures sur 24	दिन-रात (m pl)	din-rāt

19. Les mois. Les saisons

janvier (m)	जनवरी (m)	janavarī
février (m)	फ़रवरी (m)	faravarī
mars (m)	मार्च (m)	mārch
avril (m)	अप्रैल (m)	aprail
mai (m)	माई (m)	maī
juin (m)	जून (m)	jūn

juillet (m)	जुलाई (m)	julaī
août (m)	अगस्त (m)	agast
septembre (m)	सितम्बर (m)	sitambar
octobre (m)	अक्तूबर (m)	aktūbar
novembre (m)	नवम्बर (m)	navambar
décembre (m)	दिसम्बर (m)	disambar
printemps (m)	वसन्त (m)	vasant
au printemps	वसन्त में	vasant men
de printemps (adj)	वसन्त	vasant
été (m)	गरमी (f)	garamī
en été	गरमियों में	garamiyon men
d'été (adj)	गरमी	garamī
automne (m)	शरद (m)	sharad
en automne	शरद में	sharad men
d'automne (adj)	शरद	sharad
hiver (m)	सर्दी (f)	sardī
en hiver	सर्दियों में	sardiyon men
d'hiver (adj)	सर्दी	sardī
mois (m)	महीना (m)	mahīna
ce mois	इस महीने	is mahīne
le mois prochain	अगले महीने	agale mahīne
le mois dernier	पिछले महीने	pichhale mahīne
il y a un mois	एक महीने पहले	ek mahīne pahale
dans un mois	एक महीने में	ek mahīne men
dans 2 mois	दो महीने में	do mahīne men
tout le mois	पूरे महीने	pūre mahīne
tout un mois	पूरे महीने	pūre mahīne
mensuel (adj)	मासिक	māsik
mensuellement	हर महीने	har mahīne
chaque mois	हर महीने	har mahīne
2 fois par mois	महिने में दो बार	mahine men do bār
année (f)	वर्ष (m)	varsh
cette année	इस साल	is sāl
l'année prochaine	अगले साल	agale sāl
l'année dernière	पिछले साल	pichhale sāl
il y a un an	एक साल पहले	ek sāl pahale
dans un an	एक साल में	ek sāl men
dans 2 ans	दो साल में	do sāl men
toute l'année	पूरा साल	pūra sāl
toute une année	पूरा साल	pūra sāl
chaque année	हर साल	har sāl
annuel (adj)	वार्षिक	vārshik

annuellement	वार्षिक	vārshik
4 fois par an	साल में चार बार	sāl men chār bār
date (f) (jour du mois)	तारीख़ (f)	tārīkh
date (f) (~ mémorable)	तारीख़ (f)	tārīkh
calendrier (m)	कैलेन्डर (m)	kailendar
six mois	आधे वर्ष (m)	ādhe varsh
semestre (m)	छमाही (f)	chhamāhī
saison (f)	मौसम (m)	mausam
siècle (m)	शताबदी (f)	shatābadī

LES VOYAGES. L'HÔTEL

USD CAD
EUR CHF
JPY HKD
GBP CNY

RECEPTION

T&P Books Publishing

20. Les voyages. Les excursions

tourisme (m)	पर्यटन (m)	paryatan
touriste (m)	पर्यटक (m)	paryatak
voyage (m) (à l'étranger)	यात्रा (f)	yātra
aventure (f)	जाँबाज़ी (f)	jānbāzī
voyage (m)	यात्रा (f)	yātra
vacances (f pl)	छुट्टी (f)	chhuttī
être en vacances	छुट्टी पर होना	chhuttī par hona
repos (m) (jours de ~)	आराम (m)	ārām
train (m)	रेलगाड़ी, ट्रेन (f)	relagārī, tren
en train	रैलगाड़ी से	railagārī se
avion (m)	विमान (m)	vimān
en avion	विमान से	vimān se
en voiture	कार से	kār se
en bateau	जहाज़ पर	jahāz par
bagage (m)	सामान (m)	sāmān
malle (f)	सूटकेस (m)	sūtakes
chariot (m)	सामान के लिये गाड़ी (f)	sāmān ke liye gārī
passeport (m)	पासपोर्ट (m)	pāsaport
visa (m)	वीज़ा (m)	vīza
ticket (m)	टिकट (m)	tikat
billet (m) d'avion	हवाई टिकट (m)	havaī tikat
guide (m) (livre)	गाइडबुक (f)	gaidabuk
carte (f)	नक्शा (m)	naksha
région (f) (~ rurale)	क्षेत्र (m)	kshetr
endroit (m)	स्थान (m)	sthān
exotisme (m)	विचित्र वस्तुएं	vichitr vastuen
exotique (adj)	विचित्र	vichitr
étonnant (adj)	अजीब	ajīb
groupe (m)	समूह (m)	samūh
excursion (f)	पर्यटन (f)	paryatan
guide (m) (personne)	गाइड (m)	gaid

21. L'hôtel

hôtel (m)	होटल (f)	hotal
motel (m)	मोटल (m)	motal

3 étoiles	तीन सितारा	tīn sitāra
5 étoiles	पाँच सितारा	pānch sitāra
descendre (à l'hôtel)	ठहरना	thaharana

chambre (f)	कमरा (m)	kamara
chambre (f) simple	एक पलंग का कमरा (m)	ek palang ka kamara
chambre (f) double	दो पलंगों का कमरा (m)	do palangon ka kamara
réserver une chambre	कमरा बुक करना	kamara buk karana

| demi-pension (f) | हाफ़-बोर्ड (m) | hāf-bord |
| pension (f) complète | फ़ुल-बोर्ड (m) | ful-bord |

avec une salle de bain	स्नानघर के साथ	snānaghar ke sāth
avec une douche	शॉवर के साथ	shovar ke sāth
télévision (f) par satellite	सैटेलाइट टेलीविज़न (m)	saitelait telīvizan
climatiseur (m)	एयर-कंडिशनर (m)	eyar-kandishanar
serviette (f)	तौलिया (f)	tauliya
clé (f)	चाबी (f)	chābī

administrateur (m)	मैनेजर (m)	mainejar
femme (f) de chambre	चैमबरमैड (f)	chaimabaramaid
porteur (m)	कुली (m)	kulī
portier (m)	दरबान (m)	darabān

restaurant (m)	रेस्टराँ (m)	restarān
bar (m)	बार (m)	bār
petit déjeuner (m)	नाश्ता (m)	nāshta
dîner (m)	रात्रिभोज (m)	rātribhoj
buffet (m)	बुफ़े (m)	bufe

| hall (m) | लॉबी (f) | lobī |
| ascenseur (m) | लिफ़्ट (m) | lift |

| PRIÈRE DE NE PAS DÉRANGER | परेशान न करें | pareshān na karen |
| DÉFENSE DE FUMER | धुम्रपान निषेध! | dhumrapān nishedh! |

22. Le tourisme

monument (m)	स्मारक (m)	smārak
forteresse (f)	किला (m)	kila
palais (m)	भवन (m)	bhavan
château (m)	महल (m)	mahal
tour (f)	मीनार (m)	mīnār
mausolée (m)	समाधि (f)	samādhi

architecture (f)	वस्तुशाला (m)	vastushāla
médiéval (adj)	मध्ययुगीय	madhayayugīy
ancien (adj)	प्राचीन	prāchīn
national (adj)	राष्ट्रीय	rāshtrīy

connu (adj)	मशहूर	mashhūr
touriste (m)	पर्यटक (m)	paryatak
guide (m) (personne)	गाइड (m)	gaid
excursion (f)	पर्यटन यात्रा (m)	paryatan yātra
montrer (vt)	दिखाना	dikhāna
raconter (une histoire)	बताना	batāna
trouver (vt)	ढूँढना	dhūnrhana
se perdre (vp)	खो जाना	kho jāna
plan (m) (du metro, etc.)	नक्शा (m)	naksha
carte (f) (de la ville, etc.)	नक्शा (m)	naksha
souvenir (m)	यादगार (m)	yādagār
boutique (f) de souvenirs	गिफ्ट शॉप (f)	gift shop
prendre en photo	फोटो खींचना	foto khīnchana
se faire prendre en photo	अपना फ़ोटो खिंचवाना	apana foto khinchavāna

T&P BOOKS

LES TRANSPORTS

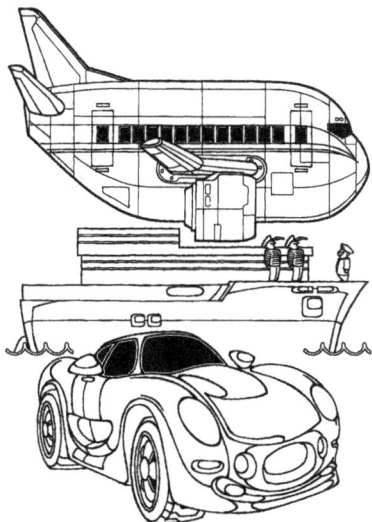

T&P Books Publishing

23. L'aéroport

aéroport (m)	हवाई अड्डा (m)	havaī adda
avion (m)	विमान (m)	vimān
compagnie (f) aérienne	हवाई कम्पनी (f)	havaī kampanī
contrôleur (m) aérien	हवाई यातायात नियंत्रक (m)	havaī yātāyāt niyantrak
départ (m)	प्रस्थान (m)	prasthān
arrivée (f)	आगमन (m)	āgaman
arriver (par avion)	पहुचना	pahunchana
temps (m) de départ	उड़ान का समय (m)	urān ka samay
temps (m) d'arrivée	आगमन का समय (m)	āgaman ka samay
être retardé	देर से आना	der se āna
retard (m) de l'avion	उड़ान देरी (f)	urān derī
tableau (m) d'informations	सूचना बोर्ड (m)	sūchana bord
information (f)	सूचना (f)	sūchana
annoncer (vt)	घोषणा करना	ghoshana karana
vol (m)	फ़्लाइट (f)	flait
douane (f)	सीमाशुल्क कार्यालय (m)	sīmāshulk kāryālay
douanier (m)	सीमाशुल्क अधिकारी (m)	sīmāshulk adhikārī
déclaration (f) de douane	सीमाशुल्क घोषणा (f)	sīmāshulk ghoshana
remplir la déclaration	सीमाशुल्क घोषणा भरना	sīmāshulk ghoshana bharana
contrôle (m) de passeport	पास्पोर्ट जांच (f)	pāsport jānch
bagage (m)	सामान (m)	sāmān
bagage (m) à main	दस्ती सामान (m)	dastī sāmān
chariot (m)	सामान के लिये गाड़ी (f)	sāmān ke liye gārī
atterrissage (m)	विमानारोहण (m)	vimānārohan
piste (f) d'atterrissage	विमानारोहण मार्ग (m)	vimānārohan mārg
atterrir (vi)	उतरना	utarana
escalier (m) d'avion	सीढ़ी (f)	sīrhī
enregistrement (m)	चेक-इन (m)	chek-in
comptoir (m) d'enregistrement	चेक-इन डेस्क (m)	chek-in desk
s'enregistrer (vp)	चेक-इन करना	chek-in karana
carte (f) d'embarquement	बोर्डिंग पास (m)	bording pās
porte (f) d'embarquement	प्रस्थान गेट (m)	prasthān get

transit (m)	पारवहन (m)	pāravahan
attendre (vt)	इतज़ार करना	intazār karana
salle (f) d'attente	प्रतीक्षालय (m)	pratīkshālay
raccompagner (à l'aéroport, etc.)	विदा करना	vida karana
dire au revoir	विदा कहना	vida kahana

24. L'avion

avion (m)	विमान (m)	vimān
billet (m) d'avion	हवाई टिकट (m)	havaī tikat
compagnie (f) aérienne	हवाई कम्पनी (f)	havaī kampanī
aéroport (m)	हवाई अड्डा (m)	havaī adda
supersonique (adj)	पराध्वनिक	parādhvanik

commandant (m) de bord	कप्तान (m)	kaptān
équipage (m)	वैमानिक दल (m)	vaimānik dal
pilote (m)	विमान चालक (m)	vimān chālak
hôtesse (f) de l'air	एयर होस्टस (f)	eyar hostas
navigateur (m)	नैवीगेटर (m)	naivīgetar

ailes (f pl)	पंख (m pl)	pankh
queue (f)	पूँछ (f)	pūnchh
cabine (f)	कॉकपिट (m)	kokapit
moteur (m)	इंजन (m)	injan
train (m) d'atterrissage	हवाई जहाज़ पहिये (m)	havaī jahāz pahiye
turbine (f)	टरबाइन (f)	tarabain

hélice (f)	प्रोपेलर (m)	propelar
boîte (f) noire	ब्लैक बॉक्स (m)	blaik boks
gouvernail (m)	कंट्रोल कॉलम (m)	kantrol kolam
carburant (m)	ईंधन (m)	īndhan

consigne (f) de sécurité	सुरक्षा-पत्र (m)	suraksha-patr
masque (m) à oxygène	ऑक्सीजन मास्क (m)	oksījan māsk
uniforme (m)	वर्दी (f)	vardī
gilet (m) de sauvetage	बचाव पेटी (f)	bachāv petī
parachute (m)	पैराशूट (m)	pairāshūt

décollage (m)	उड़ान (m)	urān
décoller (vi)	उड़ना	urana
piste (f) de décollage	उड़ान पट्टी (f)	urān pattī

visibilité (f)	दृश्यता (f)	drshyata
vol (m) (~ d'oiseau)	उड़ान (m)	urān
altitude (f)	ऊंचाई (f)	ūnchaī
trou (m) d'air	वायु-पॉकेट (m)	vāyu-poket

place (f)	सीट (f)	sīt
écouteurs (m pl)	हेडफ़ोन (m)	hedafon

tablette (f)	ट्रे टेबल (f)	tre tebal
hublot (m)	हवाई जहाज़ की खिड़की (f)	havaī jahāz kī khirakī
couloir (m)	गलियारा (m)	galiyāra

25. Le train

train (m)	रेलगाड़ी, ट्रेन (f)	relagārī, tren
train (m) de banlieue	लोकल ट्रेन (f)	lokal tren
TGV (m)	तेज़ रेलगाड़ी (f)	tez relagārī
locomotive (f) diesel	डीज़ल रेलगाड़ी (f)	dīzal relagārī
locomotive (f) à vapeur	स्टीम इंजन (f)	stīm injan
wagon (m)	कोच (f)	koch
wagon-restaurant (m)	डाइनर (f)	dainar
rails (m pl)	पटरियाँ (f)	patariyān
chemin (m) de fer	रेलवे (f)	relave
traverse (f)	पटरियाँ (f)	patariyān
quai (m)	प्लेटफॉर्म (m)	pletaform
voie (f)	प्लेटफॉर्म (m)	pletaform
sémaphore (m)	सिग्नल (m)	signal
station (f)	स्टेशन (m)	steshan
conducteur (m) de train	इंजन ड्राइवर (m)	injan draivar
porteur (m)	कुली (m)	kulī
steward (m)	कोच एटेंडेंट (m)	koch etendent
passager (m)	मुसाफ़िर (m)	musāfir
contrôleur (m) de billets	टीटी (m)	tītī
couloir (m)	गलियारा (m)	galiyāra
frein (m) d'urgence	आपात ब्रेक (m)	āpāt brek
compartiment (m)	डिब्बा (m)	dibba
couchette (f)	बर्थ (f)	barth
couchette (f) d'en haut	ऊपरी बर्थ (f)	ūparī barth
couchette (f) d'en bas	निचली बर्थ (f)	nīchalī barth
linge (m) de lit	बिस्तर (m)	bistar
ticket (m)	टिकट (m)	tikat
horaire (m)	टाइम टेबुल (m)	taim taibul
tableau (m) d'informations	सूचना बोर्ड (m)	sūchana bord
partir (vi)	चले जाना	chale jāna
départ (m) (du train)	रवानगी (f)	ravānagī
arriver (le train)	पहुंचना	pahunchana
arrivée (f)	आगमन (m)	āgaman
arriver en train	गाड़ी से पहुंचना	gārī se pahunchana
prendre le train	गाड़ी पकड़ना	gāḍī pakarana

descendre du train	गाड़ी से उतरना	gārī se utarana
accident (m) ferroviaire	दुर्घटनाग्रस्त (f)	durghatanāgrast
locomotive (f) à vapeur	स्टीम इंजन (m)	stīm injan
chauffeur (m)	अग्निशामक (m)	agnishāmak
chauffe (f)	भट्ठी (f)	bhatthī
charbon (m)	कोयला (m)	koyala

26. Le bateau

bateau (m)	जहाज़ (m)	jahāz
navire (m)	जहाज़ (m)	jahāz
bateau (m) à vapeur	जहाज़ (m)	jahāz
paquebot (m)	मोटर बोट (m)	motar bot
bateau (m) de croisière	लाइनर (m)	lainar
croiseur (m)	क्रूज़र (m)	krūzar
yacht (m)	याख्ट (m)	yākht
remorqueur (m)	कर्षक पोत (m)	karshak pot
péniche (f)	बार्ज (f)	bārj
ferry (m)	फेरी बोट (f)	ferī bot
voilier (m)	पाल नाव (f)	pāl nāv
brigantin (m)	बादबानी (f)	bādabānī
brise-glace (m)	हिमभंजक पोत (m)	himabhanjak pot
sous-marin (m)	पनडुब्बी (f)	panadubbī
canot (m) à rames	नाव (m)	nāv
dinghy (m)	किश्ती (f)	kishtī
canot (m) de sauvetage	जीवन रक्षा किश्ती (f)	jīvan raksha kishtī
canot (m) à moteur	मोटर बोट (m)	motar bot
capitaine (m)	कप्तान (m)	kaptān
matelot (m)	मल्लाह (m)	mallāh
marin (m)	मल्लाह (m)	mallāh
équipage (m)	वैमानिक दल (m)	vaimānik dal
maître (m) d'équipage	बोसुन (m)	bosun
mousse (m)	बोसुन (m)	bosun
cuisinier (m) du bord	रसोइया (m)	rasoiya
médecin (m) de bord	पोत डाक्टर (m)	pot dāktar
pont (m)	डेक (m)	dek
mât (m)	मस्तूल (m)	mastūl
voile (f)	पाल (m)	pāl
cale (f)	कार्गो (m)	kārgo
proue (f)	जहाज़ का अगड़ा	jahāz ka agara
	हिस्सा (m)	hissa

poupe (f)	जहाज़ का पिछला हिस्सा (m)	jahāz ka pichhala hissa
rame (f)	चप्पू (m)	chappū
hélice (f)	जहाज़ की पंखी चलाने का पेंच (m)	jahāz kī pankhī chalāne ka pench
cabine (f)	कैबिन (m)	kaibin
carré (m) des officiers	मेस (f)	mes
salle (f) des machines	मशीन-कमरा (m)	mashīn-kamara
passerelle (f)	ब्रिज (m)	brij
cabine (f) de T.S.F.	रेडियो केबिन (m)	rediyo kebin
onde (f)	रेडियो तरंग (f)	rediyo tarang
journal (m) de bord	जहाज़ी रजिस्टर (m)	jahāzī rajistar
longue-vue (f)	टेलिस्कोप (m)	teliskop
cloche (f)	घंटा (m)	ghanta
pavillon (m)	झंडा (m)	jhanda
grosse corde (f) tressée	रस्सा (m)	rassa
nœud (m) marin	जहाज़ी गांठ (f)	jahāzī gānth
rampe (f)	रेलिंग (f)	reling
passerelle (f)	सीढ़ी (f)	sīrhī
ancre (f)	लंगर (m)	langar
lever l'ancre	लंगर उठाना	langar uthāna
jeter l'ancre	लंगर डालना	langar dālana
chaîne (f) d'ancrage	लंगर की ज़जीर (f)	langar kī zajīr
port (m)	बंदरगाह (m)	bandaragāh
embarcadère (m)	घाट (m)	ghāt
accoster (vi)	किनारे लगना	kināre lagana
larguer les amarres	रवाना होना	ravāna hona
voyage (m) (à l'étranger)	यात्रा (f)	yātra
croisière (f)	जलयात्रा (f)	jalayātra
cap (m) (suivre un ~)	दिशा (f)	disha
itinéraire (m)	मार्ग (m)	mārg
chenal (m)	नाव्य जलपथ (m)	nāvy jalapath
bas-fond (m)	छिछला पानी (m)	chhichhala pānī
échouer sur un bas-fond	छिछले पानी में धसना	chhichhale pānī men dhansana
tempête (f)	तूफ़ान (m)	tufān
signal (m)	सिग्नल (m)	signal
sombrer (vi)	डूबना	dūbana
SOS (m)	एसओएस	esoes
bouée (f) de sauvetage	लाइफ़ ब्वाय (m)	laif bvāy

LA VILLE

T&P Books Publishing

autobus (m)	बस (f)	bas
tramway (m)	ट्रैम (m)	traim
trolleybus (m)	ट्रॉलीबस (f)	trolības
itinéraire (m)	मार्ग (m)	mārg
numéro (m)	नम्बर (m)	nambar
prendre ...	के माध्यम से जाना	ke mādhyam se jāna
monter (dans l'autobus)	सवार होना	savār hona
descendre de ...	उतरना	utarana
arrêt (m)	बस स्टॉप (m)	bas stop
arrêt (m) prochain	अगला स्टॉप (m)	agala stop
terminus (m)	अंतिम स्टेशन (m)	antim steshan
horaire (m)	समय सारणी (f)	samay sāranī
attendre (vt)	इंतज़ार करना	intazār karana
ticket (m)	टिकट (m)	tikat
prix (m) du ticket	टिकट का किराया (m)	tikat ka kirāya
caissier (m)	कैशियर (m)	kaishiyar
contrôle (m) des tickets	टिकट जाँच (f)	tikat jānch
contrôleur (m)	कंडक्टर (m)	kandaktar
être en retard	देर हो जाना	der ho jāna
rater (~ le train)	छुट जाना	chhūt jāna
se dépêcher	जल्दी में रहना	jaldī men rahana
taxi (m)	टैक्सी (m)	taiksī
chauffeur (m) de taxi	टैक्सीवाला (m)	taiksīvāla
en taxi	टैक्सी से (m)	taiksī se
arrêt (m) de taxi	टैक्सी स्टैंड (m)	taiksī staind
appeler un taxi	टैक्सी बुलाना	taiksī bulāna
prendre un taxi	टैक्सी लेना	taiksī lena
trafic (m)	यातायात (f)	yātāyāt
embouteillage (m)	ट्रैफ़िक जाम (m)	traifik jām
heures (f pl) de pointe	भीड़ का समय (m)	bhīr ka samay
se garer (vp)	पार्क करना	pārk karana
garer (vt)	पार्क करना	pārk karana
parking (m)	पार्किंग (f)	pārking
métro (m)	मेट्रो (m)	metro
station (f)	स्टेशन (m)	steshan
prendre le métro	मेट्रो लेना	metro lena

| train (m) | रेलगाड़ी, ट्रेन (f) | relagāṛī, tren |
| gare (f) | स्टेशन (m) | steshan |

28. La ville. La vie urbaine

ville (f)	नगर (m)	nagar
capitale (f)	राजधानी (f)	rājadhānī
village (m)	गांव (m)	gānv

plan (m) de la ville	नगर का नक्शा (m)	nagar ka naksha
centre-ville (m)	नगर का केन्द्र (m)	nagar ka kendr
banlieue (f)	उपनगर (m)	upanagar
de banlieue (adj)	उपनगरिक	upanagarik

périphérie (f)	बाहरी इलाका (m)	bāharī ilāka
alentours (m pl)	इर्दगिर्द के इलाके (m pl)	irdagird ke ilāke
quartier (m)	सेक्टर (m)	sektar
quartier (m) résidentiel	मुहल्ला (m)	muhalla

trafic (m)	यातायात (f)	yātāyāt
feux (m pl) de circulation	यातायात सिग्नल (m)	yātāyāt signal
transport (m) urbain	जन परिवहन (m)	jan parivahan
carrefour (m)	चौराहा (m)	chaurāha

passage (m) piéton	ज़ेबरा क्रॉसिंग (f)	zebara krosing
passage (m) souterrain	पैदल यात्रियों के लिए अंडरपास (m)	paidal yātriyon ke lie andarapās
traverser (vt)	सड़क पार करना	sarak pār karana
piéton (m)	पैदल-यात्री (m)	paidal-yātrī
trottoir (m)	फुटपाथ (m)	futapāth

pont (m)	पुल (m)	pul
quai (m)	तट (m)	tat
fontaine (f)	फौवारा (m)	fauvāra

allée (f)	छायापथ (f)	chhāyāpath
parc (m)	पार्क (m)	pārk
boulevard (m)	चौड़ी सड़क (m)	chaurī sarak
place (f)	मैदान (m)	maidān
avenue (f)	मार्ग (m)	mārg
rue (f)	सड़क (f)	sarak
ruelle (f)	गली (f)	galī
impasse (f)	बंद गली (f)	band galī

maison (f)	मकान (m)	makān
édifice (m)	इमारत (f)	imārat
gratte-ciel (m)	गगनचुंबी भवन (f)	gaganachumbī bhavan

| façade (f) | अगवाड़ा (m) | agavāra |
| toit (m) | छत (f) | chhat |

fenêtre (f)	खिड़की (f)	khirakī
arc (m)	मेहराब (m)	meharāb
colonne (f)	स्तंभ (m)	stambh
coin (m)	कोना (m)	kona
vitrine (f)	दुकान का शो-केस (m)	dukān ka sho-kes
enseigne (f)	साईनबोर्ड (m)	saīnabord
affiche (f)	पोस्टर (m)	postar
affiche (f) publicitaire	विज्ञापन पोस्टर (m)	vigyāpan postar
panneau-réclame (m)	बिलबोर्ड (m)	bilabord
ordures (f pl)	कूड़ा (m)	kūra
poubelle (f)	कूड़े का डिब्बा (m)	kūre ka dibba
jeter à terre	कूड़ा-कर्कट डालना	kūra-karkat dālana
décharge (f)	डम्पिंग ग्राउंड (m)	damping graund
cabine (f) téléphonique	फ़ोन बूथ (m)	fon būth
réverbère (m)	बिजली का खंभा (m)	bijalī ka khambha
banc (m)	पार्क-बेंच (f)	pārk-bench
policier (m)	पुलिसवाला (m)	pulisavāla
police (f)	पुलिस (m)	pulis
clochard (m)	भिखारी (m)	bhikhārī
sans-abri (m)	बेघर (m)	beghar

29. Les institutions urbaines

magasin (m)	दुकान (f)	dukān
pharmacie (f)	दवाख़ाना (m)	davākhāna
opticien (m)	चश्मे की दुकान (f)	chashme kī dukān
centre (m) commercial	शापिंग मॉल (m)	shoping mol
supermarché (m)	सुपर बाज़ार (m)	supar bāzār
boulangerie (f)	बेकरी (f)	bekarī
boulanger (m)	बेकर (m)	bekar
pâtisserie (f)	टॉफ़ी की दुकान (f)	tofī kī dukān
épicerie (f)	परचून की दुकान (f)	parachūn kī dukān
boucherie (f)	गोश्त की दुकान (f)	gosht kī dukān
magasin (m) de légumes	सब्ज़ियों की दुकान (f)	sabziyon kī dukān
marché (m)	बाज़ार (m)	bāzār
salon (m) de café	काफ़ी हाउस (m)	kāfi haus
restaurant (m)	रेस्टराँ (m)	restarān
brasserie (f)	शराबख़ाना (m)	sharābakhāna
pizzeria (f)	पिट्ज़ा की दुकान (f)	pitza kī dukān
salon (m) de coiffure	नाई की दुकान (f)	naī kī dukān
poste (f)	डाकघर (m)	dākaghar
pressing (m)	ड्राइक्लीनर (m)	draiklīnar

atelier (m) de photo	फ़ोटो की दुकान (f)	foto kī dukān
magasin (m) de chaussures	जूते की दुकान (f)	jūte kī dukān
librairie (f)	किताबों की दुकान (f)	kitābon kī dukān
magasin (m) d'articles de sport	खेलकूद की दुकान (f)	khelakūd kī dukān
atelier (m) de retouche	कपड़ों की मरम्मत की दुकान (f)	kaparon kī marammat kī dukān
location (f) de vêtements	कपड़ों को किराए पर देने की दुकान (f)	kaparon ko kirae par dene kī dukān
location (f) de films	वीडियो रेन्टल दुकान (f)	vīdiyo rental dukān
cirque (m)	सर्कस (m)	sarkas
zoo (m)	चिड़ियाघर (m)	chiriyāghar
cinéma (m)	सिनेमाघर (m)	sinemāghar
musée (m)	संग्रहालय (m)	sangrahālay
bibliothèque (f)	पुस्तकालय (m)	pustakālay
théâtre (m)	रंगमंच (m)	rangamanch
opéra (m)	ओपेरा (m)	opera
boîte (f) de nuit	नाईट क्लब (m)	naīt klab
casino (m)	केसिनो (m)	kesino
mosquée (f)	मस्जिद (m)	masjid
synagogue (f)	सीनागोग (m)	sīnāgog
cathédrale (f)	गिरजाघर (m)	girajāghar
temple (m)	मंदिर (m)	mandir
église (f)	गिरजाघर (m)	girajāghar
institut (m)	कॉलेज (m)	kolej
université (f)	विश्वविद्यालय (m)	vishvavidyālay
école (f)	विद्यालय (m)	vidyālay
préfecture (f)	प्रशासक प्रान्त (m)	prashāsak prānt
mairie (f)	सिटी हॉल (m)	sitī hol
hôtel (m)	होटल (f)	hotal
banque (f)	बैंक (m)	baink
ambassade (f)	दूतावस (m)	dūtāvas
agence (f) de voyages	पर्यटन आफ़िस (m)	paryatan āfis
bureau (m) d'information	पूछताछ कार्यालय (m)	pūchhatāchh kāryālay
bureau (m) de change	मुद्रालय (m)	mudrālay
métro (m)	मेट्रो (m)	metro
hôpital (m)	अस्पताल (m)	aspatāl
station-service (f)	पेट्रोल पम्प (f)	petrol pamp
parking (m)	पार्किंग (f)	pārking

30. Les enseignes. Les panneaux

enseigne (f)	साईनबोर्ड (m)	saīnabord
pancarte (f)	दुकान का साईन (m)	dukān ka saīn
poster (m)	पोस्टर (m)	postar
indicateur (m) de direction	दिशा संकेतक (m)	disha sanketak
flèche (f)	तीर दिशा संकेतक (m)	tīr disha sanketak
avertissement (m)	चेतावनी (f)	chetāvanī
panneau d'avertissement	चेतावनी संकेतक (m)	chetāvanī sanketak
avertir (vt)	चेतावनी देना	chetāvanī dena
jour (m) de repos	छुट्टी का दिन (m)	chhuttī ka din
horaire (m)	समय सारणी (f)	samay sāranī
heures (f pl) d'ouverture	खुलने का समय (m)	khulane ka samay
BIENVENUE!	आपका स्वागत है!	āpaka svāgat hai!
ENTRÉE	प्रवेश	pravesh
SORTIE	निकास	nikās
POUSSER	धक्का दें	dhakka den
TIRER	खींचे	khīnche
OUVERT	खुला	khula
FERMÉ	बंद	band
FEMMES	औरतों के लिये	auraton ke liye
HOMMES	आदमियों के लिये	ādamiyon ke liye
RABAIS	डिस्काउन्ट	diskaunt
SOLDES	सेल	sel
NOUVEAU!	नया!	naya!
GRATUIT	मुफ़्त	muft
ATTENTION!	ध्यान दें!	dhyān den!
COMPLET	कोई जगह खाली नहीं है	koī jagah khālī nahin hai
RÉSERVÉ	रिज़र्वड	rizarvad
ADMINISTRATION	प्रशासन	prashāsan
RÉSERVÉ AU PERSONNEL	केवल कर्मचारियों के लिए	keval karmachāriyon ke lie
ATTENTION CHIEN MÉCHANT	कुत्ते से सावधान!	kutte se sāvadhān!
DÉFENSE DE FUMER	धुम्रपान निषेध!	dhumrapān nishedh!
PRIÈRE DE NE PAS TOUCHER	छूना मना!	chhūna mana!
DANGEREUX	खतरा	khatara
DANGER	खतरा	khatara
HAUTE TENSION	उच्च वोल्टेज	uchch voltej
BAIGNADE INTERDITE	तैरना मना!	tairana mana!

HORS SERVICE	ख़राब	kharāb
INFLAMMABLE	ज्वलनशील	jvalanashīl
INTERDIT	निषिद्ध	nishiddh
PASSAGE INTERDIT	प्रवेश निषेध!	pravesh nishedh!
PEINTURE FRAÎCHE	गीला पेंट	gīla pent

31. Le shopping

acheter (vt)	खरीदना	kharīdana
achat (m)	खरीदारी (f)	kharīdārī
faire des achats	खरीदारी करने जाना	kharīdārī karane jāna
shopping (m)	खरीदारी (f)	kharīdārī

| être ouvert | खुला होना | khula hona |
| être fermé | बन्द होना | band hona |

chaussures (f pl)	जूता (m)	jūta
vêtement (m)	पोशाक (m)	poshāk
produits (m pl) de beauté	श्रृंगार-सामग्री (f)	shrrngār-sāmagrī
produits (m pl) alimentaires	खाने-पीने की चीज़ें (f pl)	khāne-pīne kī chīzen
cadeau (m)	उपहार (m)	upahār

| vendeur (m) | बेचनेवाला (m) | bechanevāla |
| vendeuse (f) | बेचनेवाली (f) | bechanevālī |

caisse (f)	कैश-काउन्टर (m)	kaish-kauntar
miroir (m)	आईना (m)	āīna
comptoir (m)	काउन्टर (m)	kauntar
cabine (f) d'essayage	ट्राई करने का कमरा (m)	traī karane ka kamara

essayer (robe, etc.)	ट्राई करना	traī karana
aller bien (robe, etc.)	फिटिंग करना	fiting karana
plaire (être apprécié)	पसंद करना	pasand karana

prix (m)	दाम (m)	dām
étiquette (f) de prix	प्राइस टैग (m)	prais taig
coûter (vt)	दाम होना	dām hona
Combien?	कितना?	kitana?
rabais (m)	डिस्काउन्ट (m)	diskaunt

| pas cher (adj) | सस्ता | sasta |
| bon marché (adj) | सस्ता | sasta |

| cher (adj) | महंगा | mahanga |
| C'est cher | यह महंगा है | yah mahanga hai |

location (f)	रेन्टल (m)	rental
louer (une voiture, etc.)	किराए पर लेना	kirae par lena
crédit (m)	क्रेडिट (m)	kredit
à crédit (adv)	क्रेडिट पर	kredit par

LES VÊTEMENTS & LES ACCESSOIRES

T&P Books Publishing

32. Les vêtements d'extérieur

vêtement (m)	कपड़े (m)	kapare
survêtement (m)	बाहरी पोशाक (m)	bāharī poshāk
vêtement (m) d'hiver	सर्दियों की पोशक (f)	sardiyon kī poshak
manteau (m)	ओवरकोट (m)	ovarakot
manteau (m) de fourrure	फरकोट (m)	farakot
veste (f) de fourrure	फ़र की जैकेट (f)	far kī jaiket
manteau (m) de duvet	फ़ेदर कोट (m)	fedar kot
veste (f) (~ en cuir)	जैकेट (f)	jaiket
imperméable (m)	बरसाती (f)	barasātī
imperméable (adj)	जलरोधक	jalarodhak

33. Les vêtements

chemise (f)	कमीज़ (f)	kamīz
pantalon (m)	पैंट (m)	paint
jean (m)	जीन्स (m)	jīns
veston (m)	कोट (m)	kot
complet (m)	सूट (m)	sūt
robe (f)	फ़्रॉक (f)	frok
jupe (f)	स्कर्ट (f)	skart
chemisette (f)	ब्लाउज़ (f)	blauz
veste (f) en laine	कार्डिगन (f)	kārdigan
jaquette (f), blazer (m)	जैकेट (f)	jaiket
tee-shirt (m)	टी-शर्ट (f)	tī-shart
short (m)	शोर्ट्स (m pl)	shorts
costume (m) de sport	ट्रैक सूट (m)	traik sūt
peignoir (m) de bain	बाथ रोब (m)	bāth rob
pyjama (m)	पजामा (m)	pajāma
chandail (m)	सूटर (m)	sūtar
pull-over (m)	पुलोवर (m)	pulovar
gilet (m)	बण्डी (m)	bandī
queue-de-pie (f)	टेल-कोट (m)	tel-kot
smoking (m)	डिनर-जैकेट (f)	dinar-jaiket
uniforme (m)	वर्दी (f)	vardī
tenue (f) de travail	वर्दी (f)	vardī

| salopette (f) | ओवरऑल्स (m) | ovarols |
| blouse (f) (d'un médecin) | कोट (m) | kot |

34. Les sous-vêtements

sous-vêtements (m pl)	अंगवस्त्र (m)	angavastr
maillot (m) de corps	बनियान (f)	baniyān
chaussettes (f pl)	मोज़े (m pl)	moze

chemise (f) de nuit	नाइट गाउन (m)	nait gaun
soutien-gorge (m)	ब्रा (f)	bra
chaussettes (f pl) hautes	घुटनों तक के मोज़े (m)	ghutanon tak ke moze
collants (m pl)	टाइट्स (m pl)	taits
bas (m pl)	स्टाकिंग (m pl)	stāking
maillot (m) de bain	स्विम सूट (m)	svim sūt

35. Les chapeaux

chapeau (m)	टोपी (f)	topī
chapeau (m) feutre	हैट (f)	hait
casquette (f) de base-ball	बैस्बॉल कैप (f)	baisbol kaip
casquette (f)	फ़्लैट कैप (f)	flait kaip

béret (m)	बेरेट (m)	beret
capuche (f)	हूड (m)	hūd
panama (m)	पनामा हैट (m)	panāma hait
bonnet (m) de laine	बुनी हुई टोपी (f)	bunī huī topī

| foulard (m) | सिर का स्कार्फ़ (m) | sir ka skārf |
| chapeau (m) de femme | महिलाओं की टोपी (f) | mahilaon kī topī |

casque (m) (d'ouvriers)	हेलमेट (f)	helamet
calot (m)	पुलिसीया टोपी (f)	pulisīya topī
casque (m) (~ de moto)	हेलमेट (f)	helamet

| melon (m) | बॉलर हैट (m) | bolar hait |
| haut-de-forme (m) | टॉप हैट (m) | top hait |

36. Les chaussures

chaussures (f pl)	पनही (f)	panahī
bottines (f pl)	जूते (m pl)	jūte
souliers (m pl) (~ plats)	जूते (m pl)	jūte
bottes (f pl)	बूट (m pl)	būt
chaussons (m pl)	चप्पल (f pl)	chappal
tennis (m pl)	टेनिस के जूते (m)	tenis ke jūte

| baskets (f pl) | स्नीकर्स (m) | snīkars |
| sandales (f pl) | सैन्डल (f) | saindal |

cordonnier (m)	मोची (m)	mochī
talon (m)	एड़ी (f)	erī
paire (f)	जोड़ा (m)	jora

lacet (m)	जूते का फ़ीता (m)	jūte ka fīta
lacer (vt)	फ़ीता बाँधना	fīta bāndhana
chausse-pied (m)	शू-होर्न (m)	shū-horn
cirage (m)	बूट-पालिश (m)	būt-pālish

37. Les accessoires personnels

gants (m pl)	दस्ताने (m pl)	dastāne
moufles (f pl)	दस्ताने (m pl)	dastāne
écharpe (f)	मफ़लर (m)	mafalar

lunettes (f pl)	ऐनक (m pl)	ainak
monture (f)	चश्मे का फ्रेम (m)	chashme ka frem
parapluie (m)	छतरी (f)	chhatarī
canne (f)	छड़ी (f)	chharī
brosse (f) à cheveux	ब्रश (m)	brash
éventail (m)	पंखा (m)	pankha

cravate (f)	टाई (f)	taī
nœud papillon (m)	बो टाई (f)	bo taī
bretelles (f pl)	पतलून बाँधने का फ़ीता (m)	patalūn bāndhane ka fīta
mouchoir (m)	रूमाल (m)	rūmāl

peigne (m)	कंघा (m)	kangha
barrette (f)	बालपिन (f)	bālapin
épingle (f) à cheveux	हेयरक्लीप (f)	heyaraklīp
boucle (f)	बकसुआ (m)	bakasua

| ceinture (f) | बेल्ट (m) | belt |
| bandoulière (f) | कंधे का पट्टा (m) | kandhe ka patta |

sac (m)	बैग (m)	baig
sac (m) à main	पर्स (m)	pars
sac (m) à dos	बैकपैक (m)	baikapaik

38. Les vêtements. Divers

mode (f)	फ़ैशन (m)	faishan
à la mode (adj)	प्रचलन में	prachalan men
couturier, créateur de mode	फ़ैशन डिज़ाइनर (m)	faishan dizainar

col (m)	कॉलर (m)	kolar
poche (f)	जेब (m)	jeb
de poche (adj)	जेब	jeb
manche (f)	आस्तीन (f)	āstīn
bride (f)	हैंगिंग लूप (f)	hainging lūp
braguette (f)	ज़िप (f)	zip

fermeture (f) à glissière	ज़िप (f)	zip
agrafe (f)	हुक (m)	huk
bouton (m)	बटन (m)	batan
boutonnière (f)	बटन का काज (m)	batan ka kāj
s'arracher (bouton)	निकल जाना	nikal jāna

coudre (vi, vt)	सीना	sīna
broder (vt)	काढ़ना	kārhana
broderie (f)	कढ़ाई (f)	karhaī
aiguille (f)	सूई (f)	sūī
fil (m)	धागा (m)	dhāga
couture (f)	सीवन (m)	sīvan

se salir (vp)	मैला होना	maila hona
tache (f)	धब्बा (m)	dhabba
se froisser (vp)	शिकन पड़ जाना	shikan par jāna
déchirer (vt)	फट जाना	fat jāna
mite (f)	कपड़ों के कीड़े (m)	kaparon ke kīre

39. L'hygiène corporelle. Les cosmétiques

dentifrice (m)	टूथपेस्ट (m)	tūthapest
brosse (f) à dents	टूथब्रश (m)	tūthabrash
se brosser les dents	दाँत साफ़ करना	dānt sāf karana

rasoir (m)	रेज़र (f)	rezar
crème (f) à raser	हजामत का क्रीम (m)	hajāmat ka krīm
se raser (vp)	शेव करना	shev karana

| savon (m) | साबुन (m) | sābun |
| shampooing (m) | शैम्पू (m) | shaimpū |

ciseaux (m pl)	कैंची (f pl)	kainchī
lime (f) à ongles	नाख़ून घिसनी (f)	nākhūn ghisanī
pinces (f pl) à ongles	नाख़ून कतरनी (f)	nākhūn kataranī
pince (f) à épiler	ट्वीज़र्स (f)	tvīzars

produits (m pl) de beauté	श्रृंगार-सामग्री (f)	shrrngār-sāmagrī
masque (m) de beauté	चेहरे का लेप (m)	chehare ka lep
manucure (f)	मैनीक्योर (m)	mainīkyor
se faire les ongles	मैनीक्योर करवाना	mainīkyor karavāna
pédicurie (f)	पेडिक्यूर (m)	pedikyūr
trousse (f) de toilette	श्रृंगार थैली (f)	shrrngār thailī

poudre (f)	पाउडर (m)	paudar
poudrier (m)	कॉम्पैक्ट पाउडर (m)	kompaikt paudar
fard (m) à joues	ब्लशर (m)	blashar

parfum (m)	ख़ुशबू (f)	khushabū
eau (f) de toilette	टॉयलेट वॉटर (m)	tāyalet votar
lotion (f)	लोशन (m)	loshan
eau de Cologne (f)	कोलोन (m)	kolon

fard (m) à paupières	आई-शैडो (m)	āī-shaido
crayon (m) à paupières	आई-पेंसिल (f)	āī-pensil
mascara (m)	मस्कारा (m)	maskāra

rouge (m) à lèvres	लिपस्टिक (m)	lipastik
vernis (m) à ongles	नेल पॉलिश (f)	nel polish
laque (f) pour les cheveux	हेयर स्प्रे (m)	heyar spre
déodorant (m)	डिओडरेन्ट (m)	diodarent

crème (f)	क्रीम (m)	krīm
crème (f) pour le visage	चेहरे की क्रीम (f)	chehare kī krīm
crème (f) pour les mains	हाथ की क्रीम (f)	hāth kī krīm
crème (f) anti-rides	एंटी रिंकल क्रीम (f)	entī rinkal krīm
de jour (adj)	दिन का	din ka
de nuit (adj)	रात का	rāt ka

tampon (m)	टैम्पन (m)	taimpan
papier (m) de toilette	टॉयलेट पेपर (m)	toyalet pepar
sèche-cheveux (m)	हेयर ड्रायर (m)	heyar drāyar

40. Les montres. Les horloges

montre (f)	घड़ी (f pl)	gharī
cadran (m)	डायल (m)	dāyal
aiguille (f)	सुई (f)	suī
bracelet (m)	धातु से बनी घड़ी का पट्टा (m)	dhātu se banī gharī ka patta
bracelet (m) (en cuir)	घड़ी का पट्टा (m)	gharī ka patta

pile (f)	बैटरी (f)	baiterī
être déchargé	ख़त्म हो जाना	khatm ho jāna
changer de pile	बैटरी बदलना	baiterī badalana
avancer (vi)	तेज़ चलना	tez chalana
retarder (vi)	धीमी चलना	dhīmī chalana

pendule (f)	दीवार-घड़ी (f pl)	dīvār-gharī
sablier (m)	रेत-घड़ी (f pl)	ret-gharī
cadran (m) solaire	सूरज-घड़ी (f pl)	sūraj-gharī
réveil (m)	अलार्म घड़ी (f)	alārm gharī
horloger (m)	घड़ीसाज़ (m)	gharīsāz
réparer (vt)	मरम्मत करना	marammat karana

L'EXPÉRIENCE QUOTIDIENNE

T&P Books Publishing

argent (m)	पैसा (m pl)	paisa
échange (m)	मुद्रा विनिमय (m)	mudra vinimay
cours (m) de change	विनिमय दर (m)	vinimay dar
distributeur (m)	एटीएम (m)	etīem
monnaie (f)	सिक्का (m)	sikka
dollar (m)	डॉलर (m)	dolar
euro (m)	यूरो (m)	yūro
lire (f)	लीरा (f)	līra
mark (m) allemand	डचमार्क (m)	dachamārk
franc (m)	फ्रांक (m)	frānk
livre sterling (f)	पाउन्ड स्टरलिंग (m)	paund staraling
yen (m)	येन (m)	yen
dette (f)	कर्ज़ (m)	karz
débiteur (m)	क़र्ज़दार (m)	qarzadār
prêter (vt)	कर्ज़ देना	karz dena
emprunter (vt)	कर्ज़ लेना	karz lena
banque (f)	बैंक (m)	baink
compte (m)	बैंक खाता (m)	baink khāta
verser dans le compte	बैंक खाते में जमा करना	baink khāte men jama karana
retirer du compte	खाते से पैसे निकालना	khāte se paise nikālana
carte (f) de crédit	क्रेडिट कार्ड (m)	kredit kārd
espèces (f pl)	कैश (m pl)	kaish
chèque (m)	चेक (m)	chek
faire un chèque	चेक लिखना	chek likhana
chéquier (m)	चेकबुक (f)	chekabuk
portefeuille (m)	बटुआ (m)	batua
bourse (f)	बटुआ (m)	batua
coffre fort (m)	लॉकर (m)	lokar
héritier (m)	उत्तराधिकारी (m)	uttarādhikārī
héritage (m)	उत्तराधिकार (m)	uttarādhikār
fortune (f)	संपत्ति (f)	sampatti
location (f)	किराये पर देना (m)	kirāye par dena
loyer (m) (argent)	किराया (m)	kirāya
louer (prendre en location)	किराए पर लेना	kirae par lena
prix (m)	दाम (m)	dām

| coût (m) | कीमत (f) | kīmat |
| somme (f) | रक़म (m) | raqam |

dépenser (vt)	खर्च करना	kharch karana
dépenses (f pl)	खर्च (m pl)	kharch
économiser (vt)	बचत करना	bachat karana
économe (adj)	किफ़ायती	kifāyatī

payer (régler)	दाम चुकाना	dām chukāna
paiement (m)	भुगतान (m)	bhugatān
monnaie (f) (rendre la ~)	चिल्लर (m)	chillar

impôt (m)	टैक्स (m)	taiks
amende (f)	जुर्माना (m)	jurmāna
mettre une amende	जुर्माना लगाना	jurmāna lagāna

42. La poste. Les services postaux

poste (f)	डाकघर (m)	dākaghar
courrier (m) (lettres, etc.)	डाक (m)	dāk
facteur (m)	डाकिया (m)	dākiya
heures (f pl) d'ouverture	खुलने का समय (m)	khulane ka samay

lettre (f)	पत्र (m)	patr
recommandé (m)	रजिस्टरी पत्र (m)	rajistarī patr
carte (f) postale	पोस्ट कार्ड (m)	post kārd
télégramme (m)	तार (m)	tār
colis (m)	पार्सल (f)	pārsal
mandat (m) postal	मनी ट्रांसफर (m)	manī trānsafar

recevoir (vt)	पाना	pāna
envoyer (vt)	भेजना	bhejana
envoi (m)	भेज (m)	bhej
adresse (f)	पता (m)	pata
code (m) postal	पिन कोड (m)	pin kod
expéditeur (m)	भेजनेवाला (m)	bhejanevāla
destinataire (m)	पानेवाला (m)	pānevāla

| prénom (m) | पहला नाम (m) | pahala nām |
| nom (m) de famille | उपनाम (m) | upanām |

tarif (m)	डाक दर (m)	dāk dar
normal (adj)	मानक	mānak
économique (adj)	किफ़ायती	kifāyatī

poids (m)	वज़न (m)	vazan
peser (~ les lettres)	तोलना	tolana
enveloppe (f)	लिफ़ाफ़ा (m)	lifāfa
timbre (m)	डाक टिकट (m)	dāk tikat
timbrer (vt)	डाक टिकट लगाना	dāk tikat lagāna

43. Les opérations bancaires

banque (f)	बैंक (m)	baink
agence (f) bancaire	शाखा (f)	shākha
conseiller (m)	क्लर्क (m)	klark
gérant (m)	मैनेजर (m)	mainejar
compte (m)	बैंक खाता (m)	baink khāta
numéro (m) du compte	खाते का नम्बर (m)	khāte ka nambar
compte (m) courant	चालू खाता (m)	chālū khāta
compte (m) sur livret	बचत खाता (m)	bachat khāta
ouvrir un compte	खाता खोलना	khāta kholana
clôturer le compte	खाता बंद करना	khāta band karana
verser dans le compte	खाते में जमा करना	khāte men jama karana
retirer du compte	खाते से पैसा निकालना	khāte se paisa nikālana
dépôt (m)	जमा (m)	jama
faire un dépôt	जमा करना	jama karana
virement (m) bancaire	तार स्थानांतरण (m)	tār sthānāntaran
faire un transfert	पैसे स्थानांतरित करना	paise sthānāntarit karana
somme (f)	रक़म (m)	raqam
Combien?	कितना?	kitana?
signature (f)	हस्ताक्षर (f)	hastākshar
signer (vt)	हस्ताक्षर करना	hastākshar karana
carte (f) de crédit	क्रेडिट कार्ड (m)	kredit kārd
code (m)	पिन कोड (m)	pin kod
numéro (m) de carte de crédit	क्रेडिट कार्ड संख्या (f)	kredit kārd sankhya
distributeur (m)	एटीएम (m)	etīem
chèque (m)	चेक (m)	chek
faire un chèque	चेक लिखना	chek likhana
chéquier (m)	चेकबुक (f)	chekabuk
crédit (m)	उधार (m)	uthār
demander un crédit	उधार के लिए आवेदन करना	udhār ke lie āvedan karana
prendre un crédit	उधार लेना	uthār lena
accorder un crédit	उधार देना	uthār dena
gage (m)	गारन्टी (f)	gārantī

44. Le téléphone. La conversation téléphonique

téléphone (m)	फ़ोन (m)	fon
portable (m)	मोबाइल फ़ोन (m)	mobail fon

répondeur (m)	जवाबी मशीन (f)	javābī mashīn
téléphoner, appeler	फ़ोन करना	fon karana
appel (m)	कॉल (m)	kol

composer le numéro	नम्बर लगाना	nambar lagāna
Allô!	हेलो!	helo!
demander (~ l'heure)	पूछना	pūchhana
répondre (vi, vt)	जवाब देना	javāb dena

entendre (bruit, etc.)	सुनना	sunana
bien (adv)	ठीक	thīk
mal (adv)	ठीक नहीं	thīk nahin
bruits (m pl)	आवाज़ें (f)	āvāzen

récepteur (m)	रिसीवर (m)	risīvar
décrocher (vt)	फ़ोन उठाना	fon uthāna
raccrocher (vi)	फ़ोन रखना	fon rakhana

occupé (adj)	बिज़ी	bizī
sonner (vi)	फ़ोन बजना	fon bajana
carnet (m) de téléphone	टेलीफ़ोन बुक (m)	telīfon buk
local (adj)	लोकल	lokal
interurbain (adj)	लंबी दूरी की कॉल	lambī dūrī kī kol
international (adj)	अंतरराष्ट्रीय	antarrāshtrīy

45. Le téléphone portable

portable (m)	मोबाइल फ़ोन (m)	mobail fon
écran (m)	डिस्प्ले (m)	disple
bouton (m)	बटन (m)	batan
carte SIM (f)	सिम कार्ड (m)	sim kārd

pile (f)	बैटरी (f)	baitarī
être déchargé	बैटरी डेड हो जाना	baitarī ded ho jāna
chargeur (m)	चार्जर (m)	chārjar

| menu (m) | मीनू (m) | mīnū |
| réglages (m pl) | सेटिंग्स (f) | setings |

| mélodie (f) | कॉलर ट्यून (m) | kolar tyūn |
| sélectionner (vt) | चुनना | chunana |

| calculatrice (f) | कैल्कुलैटर (m) | kailkulaitar |
| répondeur (m) | वॉयस मेल (f) | voyas mel |

| réveil (m) | अलार्म घड़ी (f) | alārm gharī |
| contacts (m pl) | संपर्क (m) | sampark |

| SMS (m) | एसएमएस (m) | esemes |
| abonné (m) | सदस्य (m) | sadasy |

46. La papeterie

stylo (m) à bille	बॉल पेन (m)	bol pen
stylo (m) à plume	फाउन्टेन पेन (m)	faunten pen
crayon (m)	पेंसिल (f)	pensil
marqueur (m)	हाइलाइटर (m)	hailaitar
feutre (m)	फ़ेल्ट टिप पेन (m)	felt tip pen
bloc-notes (m)	नोटबुक (m)	notabuk
agenda (m)	डायरी (f)	dāyarī
règle (f)	स्केल (m)	skel
calculatrice (f)	कैल्कुलेटर (m)	kailkuletar
gomme (f)	रबड़ (f)	rabar
punaise (f)	थंबटैक (m)	thanrbataik
trombone (m)	पेपर क्लिप (m)	pepar klip
colle (f)	गोंद (f)	gond
agrafeuse (f)	स्टेप्लर (m)	steplar
perforateur (m)	होल पंचर (m)	hol panchar
taille-crayon (m)	शार्पनर (m)	shārpanar

47. Les langues étrangères

langue (f)	भाषा (f)	bhāsha
langue (f) étrangère	विदेशी भाषा (f)	videshī bhāsha
étudier (vt)	पढ़ना	parhana
apprendre (~ l'arabe)	सीखना	sīkhana
lire (vi, vt)	पढ़ना	parhana
parler (vi, vt)	बोलना	bolana
comprendre (vt)	समझना	samajhana
écrire (vt)	लिखना	likhana
vite (adv)	तेज़	tez
lentement (adv)	धीरे	dhīre
couramment (adv)	धड़ल्ले से	dharalle se
règles (f pl)	नियम (m pl)	niyam
grammaire (f)	व्याकरण (m)	vyākaran
vocabulaire (m)	शब्दावली (f)	shabdāvalī
phonétique (f)	स्वरविज्ञान (m)	svaravigyān
manuel (m)	पाठ्यपुस्तक (f)	pāthyapustak
dictionnaire (m)	शब्दकोश (m)	shabdakosh
manuel (m) autodidacte	स्वयंशिक्षक पुस्तक (m)	svayanshikshak pustak
guide (m) de conversation	वार्त्तालाप-पुस्तिका (f)	vārttālāp-pustika
cassette (f)	कैसेट (f)	kaiset

cassette (f) vidéo	वीडियो कैसेट (m)	vīdiyo kaiset
CD (m)	सीडी (m)	sīdī
DVD (m)	डीवीडी (m)	dīvīdī
alphabet (m)	वर्णमाला (f)	varnamāla
épeler (vt)	हिज्जे करना	hijje karana
prononciation (f)	उच्चारण (m)	uchchāran
accent (m)	लहज़ा (m)	lahaza
avec un accent	लहज़े के साथ	lahaze ke sāth
sans accent	बिना लहज़े	bina lahaze
mot (m)	शब्द (m)	shabd
sens (m)	मतलब (m)	matalab
cours (m pl)	पाठ्यक्रम (m)	pāthyakram
s'inscrire (vp)	सदस्य बनना	sadasy banana
professeur (m) (~ d'anglais)	शिक्षक (m)	shikshak
traduction (f) (action)	तर्जुमा (m)	tarjuma
traduction (f) (texte)	अनुवाद (m)	anuvād
traducteur (m)	अनुवादक (m)	anuvādak
interprète (m)	दुभाषिया (m)	dubhāshiya
polyglotte (m)	बहुभाषी (m)	bahubhāshī
mémoire (f)	स्मृति (f)	smrti

LES REPAS.
LE RESTAURANT

T&P Books Publishing

48. Le dressage de la table

cuillère (f)	चम्मच (m)	chammach
couteau (m)	छुरी (f)	chhurī
fourchette (f)	कांटा (m)	kānta
tasse (f)	प्याला (m)	pyāla
assiette (f)	तश्तरी (f)	tashtarī
soucoupe (f)	सॉसर (m)	sosar
serviette (f)	नैपकीन (m)	naipakīn
cure-dent (m)	टूथपिक (m)	tūthapik

49. Le restaurant

restaurant (m)	रेस्टराँ (m)	restarān
salon (m) de café	कॉफ़ी हाउस (m)	kofī haus
bar (m)	बार (m)	bār
salon (m) de thé	चायख़ाना (m)	chāyakhāna
serveur (m)	बैरा (m)	baira
serveuse (f)	बैरी (f)	bairī
barman (m)	बारमैन (m)	bāramain
carte (f)	मेनू (m)	menū
carte (f) des vins	वाइन सूची (f)	vain sūchī
réserver une table	मेज़ बुक करना	mez buk karana
plat (m)	पकवान (m)	pakavān
commander (vt)	आर्डर देना	ārdar dena
faire la commande	आर्डर देना	ārdar dena
apéritif (m)	एपेरेतीफ़ (m)	eperetīf
hors-d'œuvre (m)	एपेटाइज़र (m)	epetaizar
dessert (m)	मीठा (m)	mītha
addition (f)	बिल (m)	bil
régler l'addition	बील का भुगतान करना	bīl ka bhugatān karana
rendre la monnaie	खुले पैसे देना	khule paise dena
pourboire (m)	टिप (f)	tip

50. Les repas

nourriture (f)	खाना (m)	khāna
manger (vi, vt)	खाना खाना	khāna khāna

petit déjeuner (m)	नाश्ता (m)	nāshta
prendre le petit déjeuner	नाश्ता करना	nāshta karana
déjeuner (m)	दोपहर का भोजन (m)	dopahar ka bhojan
déjeuner (vi)	दोपहर का भोजन करना	dopahar ka bhojan karana
dîner (m)	रात्रिभोज (m)	rātribhoj
dîner (vi)	रात्रिभोज करना	rātribhoj karana
appétit (m)	भूख (f)	bhūkh
Bon appétit!	अपने भोजन का आनंद उठाएं!	apane bhojan ka ānand uthaen!
ouvrir (vt)	खोलना	kholana
renverser (liquide)	गिराना	girāna
se renverser (liquide)	गिराना	girāna
bouillir (vi)	उबालना	ubālana
faire bouillir	उबालना	ubālana
bouilli (l'eau ~e)	उबला हुआ	ubala hua
refroidir (vt)	ठंडा करना	thanda karana
se refroidir (vp)	ठंडा करना	thanda karana
goût (m)	स्वाद (m)	svād
arrière-goût (m)	स्वाद (m)	svād
suivre un régime	वज़न घटाना	vazan ghatāna
régime (m)	डाइट (m)	dait
vitamine (f)	विटामिन (m)	vitāmin
calorie (f)	कैलोरी (f)	kailorī
végétarien (m)	शाकाहारी (m)	shākāhārī
végétarien (adj)	शाकाहारी	shākāhārī
lipides (m pl)	वसा (m pl)	vasa
protéines (f pl)	प्रोटीन (m pl)	protīn
glucides (m pl)	कार्बोहाइड्रेट (m)	kārbohaidret
tranche (f)	टुकड़ा (m)	tukara
morceau (m)	टुकड़ा (m)	tukara
miette (f)	टुकड़ा (m)	tukara

51. Les plats cuisinés

plat (m)	पकवान (m)	pakavān
cuisine (f)	व्यंजन (m)	vyanjan
recette (f)	रैसीपी (f)	raisīpī
portion (f)	भाग (m)	bhāg
salade (f)	सलाद (m)	salād
soupe (f)	सूप (m)	sūp
bouillon (m)	यख़नी (f)	yakhanī
sandwich (m)	सैन्डविच (m)	saindavich

les œufs brouillés	आमलेट (m)	āmalet
hamburger (m)	हैमबर्गर (m)	haimabargar
steak (m)	बीफ़स्टीक (m)	bīfastīk

garniture (f)	साइड डिश (f)	said dish
spaghettis (m pl)	स्पेघेटी (f)	speghetī
purée (f)	आलू भरता (f)	ālū bharata
pizza (f)	पीट्ज़ा (f)	pītza
bouillie (f)	दलिया (f)	daliya
omelette (f)	आमलेट (m)	āmalet

cuit à l'eau (adj)	उबला	ubala
fumé (adj)	धुएँ में पकाया हुआ	dhuen men pakāya hua
frit (adj)	भुना	bhuna
sec (adj)	सूखा	sūkha
congelé (adj)	फ़्रोज़न	frozan
mariné (adj)	अचार	achār

sucré (adj)	मीठा	mītha
salé (adj)	नमकीन	namakīn
froid (adj)	ठंडा	thanda
chaud (adj)	गरम	garam
amer (adj)	कड़वा	karava
bon (savoureux)	स्वादिष्ट	svādisht

cuire à l'eau	उबलते पानी में पकाना	ubalate pānī men pakāna
préparer (le dîner)	खाना बनाना	khāna banāna
faire frire	भूनना	bhūnana
réchauffer (vt)	गरम करना	garam karana

saler (vt)	नमक डालना	namak dālana
poivrer (vt)	मिर्च डालना	mirch dālana
râper (vt)	कद्दूकश करना	kaddūkash karana
peau (f)	छिलका (f)	chhilaka
éplucher (vt)	छिलका निकलना	chhilaka nikalana

52. Les aliments

viande (f)	गोश्त (m)	gosht
poulet (m)	चीकन (m)	chīkan
poulet (m) (poussin)	रॉक कोर्निश मुर्गी (f)	rok kornish murgī
canard (m)	बतख़ (f)	battakh
oie (f)	हंस (m)	hans
gibier (m)	शिकार के पशुपक्षी (f)	shikār ke pashupakshī
dinde (f)	टर्की (m)	tarkī

du porc	सुअर का गोश्त (m)	suar ka gosht
du veau	बछड़े का गोश्त (m)	bachhare ka gosht
du mouton	भेड़ का गोश्त (m)	bher ka gosht
du bœuf	गाय का गोश्त (m)	gāy ka gosht

lapin (m)	खरगोश (m)	kharagosh
saucisson (m)	सॉसेज (f)	sosej
saucisse (f)	वियना सॉसेज (m)	viyana sosej
bacon (m)	बेकन (m)	bekan
jambon (m)	हैम (m)	haim
cuisse (f)	सुअर की जांघ (f)	suar kī jāngh
pâté (m)	पिसा हुआ गोश्त (m)	pisa hua gosht
foie (m)	जिगर (f)	jigar
farce (f)	कीमा (m)	kīma
langue (f)	जीभ (m)	jībh
œuf (m)	अंडा (m)	anda
les œufs	अंडे (m pl)	ande
blanc (m) d'œuf	अंडे की सफ़ेदी (m)	ande kī safedī
jaune (m) d'œuf	अंडे की ज़र्दी (m)	ande kī zardī
poisson (m)	मछली (f)	machhalī
fruits (m pl) de mer	समुद्री खाना (m)	samudrī khāna
caviar (m)	मछली के अंडे (m)	machhalī ke ande
crabe (m)	केकड़ा (m)	kekara
crevette (f)	चिंगड़ा (m)	chingara
huître (f)	सीप (m)	sīp
langoustine (f)	लोबस्टर (m)	lobastar
poulpe (m)	ओक्टोपस (m)	oktopas
calamar (m)	स्कीड (m)	skīd
esturgeon (m)	स्टर्जन (f)	starjan
saumon (m)	सालमन (m)	sālaman
flétan (m)	हैलिबट (f)	hailibat
morue (f)	कॉड (f)	kod
maquereau (m)	माक्रैल (f)	mākrail
thon (m)	टूना (f)	tūna
anguille (f)	बाम मछली (f)	bām machhalī
truite (f)	ट्राउट मछली (f)	traut machhalī
sardine (f)	सार्डीन (f)	sārdīn
brochet (m)	पाइक (f)	paik
hareng (m)	हेरिंग मछली (f)	hering machhalī
pain (m)	ब्रेड (f)	bred
fromage (m)	पनीर (m)	panīr
sucre (m)	चीनी (f)	chīnī
sel (m)	नमक (m)	namak
riz (m)	चावल (m)	chāval
pâtes (m pl)	पास्ता (m)	pāsta
nouilles (f pl)	नूडल्स (m)	nūdals
beurre (m)	मक्खन (m)	makkhan
huile (f) végétale	तेल (m)	tel

| huile (f) de tournesol | सूरजमुखी तेल (m) | sūrajamukhī tel |
| margarine (f) | नकली मक्खन (m) | nakalī makkhan |

| olives (f pl) | जैतून (m) | jaitūn |
| huile (f) d'olive | जैतून का तेल (m) | jaitūn ka tel |

lait (m)	दूध (m)	dūdh
lait (m) condensé	रबड़ी (f)	rabarī
yogourt (m)	दही (m)	dahī
crème (f) aigre	खट्टी क्रीम (f)	khattī krīm
crème (f) (de lait)	मलाई (f pl)	malaī

| sauce (f) mayonnaise | मेयोनेज़ (m) | meyonez |
| crème (f) au beurre | क्रीम (m) | krīm |

gruau (m)	अनाज के दाने (m)	anāj ke dāne
farine (f)	आटा (m)	āta
conserves (f pl)	डिब्बाबन्द खाना (m)	dibbāband khāna

pétales (m pl) de maïs	कॉर्नफ्लेक्स (m)	kornafleks
miel (m)	शहद (m)	shahad
confiture (f)	जैम (m)	jaim
gomme (f) à mâcher	चूइन्गा गम (m)	chūing gam

53. Les boissons

eau (f)	पानी (m)	pānī
eau (f) potable	पीने का पानी (f)	pīne ka pānī
eau (f) minérale	मिनरल वॉटर (m)	minaral votar

plate (adj)	स्टिल वॉटर	stil votar
gazeuse (l'eau ~)	काबॉनेटेड	kārboneted
pétillante (adj)	स्पार्कलिंग	spārkaling
glace (f)	बर्फ़ (m)	barf
avec de la glace	बर्फ़ के साथ	barf ke sāth

sans alcool	शराब रहित	sharāb rahit
boisson (f) non alcoolisée	कोल्ड ड्रिंक (f)	kold drink
rafraîchissement (m)	शीतलक ड्रिंक (f)	shītalak drink
limonade (f)	लेमोनेड (m)	lemoned

boissons (f pl) alcoolisées	शराब (m pl)	sharāb
vin (m)	वाइन (f)	vain
vin (m) blanc	सफ़ेद वाइन (f)	safed vain
vin (m) rouge	लाल वाइन (f)	lāl vain

liqueur (f)	लिकर (m)	likar
champagne (m)	शैम्पेन (f)	shaimpen
vermouth (m)	वर्मॉथ (f)	varmauth
whisky (m)	विस्की (f)	viskī

vodka (f)	वोडका (m)	vodaka
gin (m)	जिन (f)	jin
cognac (m)	कोन्याक (m)	konyāk
rhum (m)	रम (m)	ram
café (m)	कॉफ़ी (f)	kofī
café (m) noir	काली कॉफ़ी (f)	kālī kofī
café (m) au lait	दूध के साथ कॉफ़ी (f)	dūdh ke sāth kofī
cappuccino (m)	कैपूचिनो (f)	kaipūchino
café (m) soluble	इन्संटेन्ट-काफ़ी (f)	insatent-kāfī
lait (m)	दूध (m)	dūdh
cocktail (m)	कॉकटेल (m)	kokatel
cocktail (m) au lait	मिल्कशेक (m)	milkashek
jus (m)	रस (m)	ras
jus (m) de tomate	टमाटर का रस (m)	tamātar ka ras
jus (m) d'orange	संतरे का रस (m)	santare ka ras
jus (m) pressé	ताज़ा रस (m)	tāza ras
bière (f)	बियर (m)	biyar
bière (f) blonde	हल्का बियर (m)	halka biyar
bière (f) brune	डार्क बियर (m)	dārk biyar
thé (m)	चाय (f)	chāy
thé (m) noir	काली चाय (f)	kālī chāy
thé (m) vert	हरी चाय (f)	harī chāy

54. Les légumes

légumes (m pl)	सब्ज़ियाँ (f pl)	sabziyān
verdure (f)	हरी सब्ज़ियाँ (f)	harī sabziyān
tomate (f)	टमाटर (m)	tamātar
concombre (m)	खीरा (m)	khīra
carotte (f)	गाजर (f)	gājar
pomme (f) de terre	आलू (m)	ālū
oignon (m)	प्याज़ (m)	pyāz
ail (m)	लहसुन (m)	lahasun
chou (m)	पत्ता गोभी (f)	patta gobhī
chou-fleur (m)	फूल गोभी (f)	fūl gobhī
chou (m) de Bruxelles	ब्रसेल्स स्प्राउट्स (m)	brasels sprauts
brocoli (m)	ब्रोकोली (f)	brokolī
betterave (f)	चुकन्दर (m)	chukandar
aubergine (f)	बैंगन (m)	baingan
courgette (f)	तुरई (f)	turī
potiron (m)	कद्दू	kaddū
navet (m)	शलजम (f)	shalajam

persil (m)	अजमोद (f)	ajamod
fenouil (m)	सोआ (m)	soa
laitue (f) (salade)	सलाद पत्ता (m)	salād patta
céleri (m)	सेलरी (m)	selarī
asperge (f)	एस्पैरेगस (m)	espairegas
épinard (m)	पालक (m)	pālak
pois (m)	मटर (m)	matar
fèves (f pl)	फली (f pl)	falī
maïs (m)	मकई (f)	makī
haricot (m)	राजमा (f)	rājama
poivron (m)	शिमला मिर्च (m)	shimala mirch
radis (m)	मूली (f)	mūlī
artichaut (m)	हाथीचक (m)	hāthīchak

55. Les fruits. Les noix

fruit (m)	फल (m)	fal
pomme (f)	सेब (m)	seb
poire (f)	नाशपाती (f)	nāshapātī
citron (m)	नींबू (m)	nīmbū
orange (f)	संतरा (m)	santara
fraise (f)	स्ट्रॉबेरी (f)	stroberī
mandarine (f)	नारंगी (m)	nārangī
prune (f)	आलूबुखारा (m)	ālūbukhāra
pêche (f)	आड़ू (m)	ārū
abricot (m)	खूबानी (f)	khūbānī
framboise (f)	रसभरी (f)	rasabharī
ananas (m)	अनानास (m)	anānās
banane (f)	केला (m)	kela
pastèque (f)	तरबूज़ (m)	tarabūz
raisin (m)	अंगूर (m)	angūr
merise (f), cerise (f)	चेरी (f)	cherī
melon (m)	खरबूज़ा (f)	kharabūza
pamplemousse (m)	ग्रेपफ्रूट (m)	grepafrūt
avocat (m)	एवोकांडो (m)	evokādo
papaye (f)	पपीता (f)	papīta
mangue (f)	आम (m)	ām
grenade (f)	अनार (m)	anār
groseille (f) rouge	लाल किशमिश (f)	lāl kishamish
cassis (m)	काली किशमिश (f)	kālī kishamish
groseille (f) verte	आमला (f)	āmala
myrtille (f)	बिलबेरी (f)	bilaberī
mûre (f)	ब्लैकबेरी (f)	blaikaberī
raisin (m) sec	किशमिश (m)	kishamish

figue (f)	अंजीर (m)	anjīr
datte (f)	खजूर (m)	khajūr
cacahuète (f)	मूँगफली (m)	mūngafalī
amande (f)	बादाम (f)	bādām
noix (f)	अखरोट (m)	akharot
noisette (f)	हेज़लनट (m)	hezalanat
noix (f) de coco	नारियल (m)	nāriyal
pistaches (f pl)	पिस्ता (m)	pista

56. Le pain. Les confiseries

confiserie (f)	मिठाई (f pl)	mithaī
pain (m)	ब्रेड (f)	bred
biscuit (m)	बिस्कुट (m)	biskut
chocolat (m)	चॉकलेट (m)	chokalet
en chocolat (adj)	चॉकलेटी	chokaletī
bonbon (m)	टॉफ़ी (f)	tofī
gâteau (m), pâtisserie (f)	पेस्ट्री (f)	pestrī
tarte (f)	केक (m)	kek
gâteau (m)	पाई (m)	paī
garniture (f)	फ़िलिंग (f)	filing
confiture (f)	जैम (m)	jaim
marmelade (f)	मुरब्बा (m)	murabba
gaufre (f)	वेफ़र (m pl)	vefar
glace (f)	आईस-क्रीम (f)	āīs-krīm

57. Les épices

sel (m)	नमक (m)	namak
salé (adj)	नमकीन	namakīn
saler (vt)	नमक डालना	namak dālana
poivre (m) noir	काली मिर्च (f)	kālī mirch
poivre (m) rouge	लाल मिर्च (m)	lāl mirch
moutarde (f)	सरसों (m)	sarason
raifort (m)	अरब मूली (f)	arab mūlī
condiment (m)	मसाला (m)	masāla
épice (f)	मसाला (m)	masāla
sauce (f)	चटनी (f)	chatanī
vinaigre (m)	सिरका (m)	siraka
anis (m)	सौंफ़ (f)	saumf
basilic (m)	तुलसी (f)	tulasī

clou (m) de girofle	लौंग (f)	laung
gingembre (m)	अदरक (m)	adarak
coriandre (m)	धनिया (m)	dhaniya
cannelle (f)	दालचीनी (f)	dālachīnī
sésame (m)	तिल (m)	til
feuille (f) de laurier	तेजपत्ता (m)	tejapatta
paprika (m)	लाल शिमला मिर्च पाउडर (m)	lāl shimala mirch paudar
cumin (m)	ज़ीरा (m)	zīra
safran (m)	ज़ाफ़रान (m)	zāfarān

T&P BOOKS

LES DONNÉES PERSONNELLES. PERSONNELLES. LA FAMILLE

T&P Books Publishing

58. Les données personnelles. Les formulaires

prénom (m)	पहला नाम (m)	pahala nām
nom (m) de famille	उपनाम (m)	upanām
date (f) de naissance	जन्म-दिवस (m)	janm-divas
lieu (m) de naissance	मातृभूमि (f)	mātrbhūmi
nationalité (f)	नागरिकता (f)	nāgarikata
domicile (m)	निवास स्थान (m)	nivās sthān
pays (m)	देश (m)	desh
profession (f)	पेशा (m)	pesha
sexe (m)	लिंग (m)	ling
taille (f)	क़द (m)	qad
poids (m)	वज़न (m)	vazan

59. La famille. Les liens de parenté

mère (f)	माँ (f)	mān
père (m)	पिता (m)	pita
fils (m)	बेटा (m)	beta
fille (f)	बेटी (f)	betī
fille (f) cadette	छोटी बेटी (f)	chhotī betī
fils (m) cadet	छोटा बेटा (m)	chhota beta
fille (f) aînée	बड़ी बेटी (f)	barī betī
fils (m) aîné	बड़ा बेटा (m)	bara beta
frère (m)	भाई (m)	bhaī
sœur (f)	बहन (f)	bahan
cousin (m)	चचेरा भाई (m)	chachera bhaī
cousine (f)	चचेरी बहन (f)	chacherī bahan
maman (f)	अम्मा (f)	amma
papa (m)	पापा (m)	pāpa
parents (m pl)	माँ-बाप (m pl)	mān-bāp
enfant (m, f)	बच्चा (m)	bachcha
enfants (pl)	बच्चे (m pl)	bachche
grand-mère (f)	दादी (f)	dādī
grand-père (m)	दादा (m)	dāda
petit-fils (m)	पोता (m)	pota
petite-fille (f)	पोती (f)	potī
petits-enfants (pl)	पोते (m)	pote

oncle (m)	चाचा (m)	chācha
tante (f)	चाची (f)	chāchī
neveu (m)	भतीजा (m)	bhatīja
nièce (f)	भतीजी (f)	bhatījī
belle-mère (f)	सास (f)	sās
beau-père (m)	ससुर (m)	sasur
gendre (m)	दामाद (m)	dāmād
belle-mère (f)	सौतेली माँ (f)	sautelī mān
beau-père (m)	सौतेले पिता (m)	sautele pita
nourrisson (m)	दूधमुँहा बच्चा (m)	dudhamunha bachcha
bébé (m)	शिशु (f)	shishu
petit (m)	छोटा बच्चा (m)	chhota bachcha
femme (f)	पत्नी (f)	patnī
mari (m)	पति (m)	pati
époux (m)	पति (m)	pati
épouse (f)	पत्नी (f)	patnī
marié (adj)	शादीशुदा	shādīshuda
mariée (adj)	शादीशुदा	shādīshuda
célibataire (adj)	अविवाहित	avivāhit
célibataire (m)	कुँआरा (m)	kunāra
divorcé (adj)	तलाक़शुदा	talāqashuda
veuve (f)	विधवा (f)	vidhava
veuf (m)	विधुर (m)	vidhur
parent (m)	रिश्तेदार (m)	rishtedār
parent (m) proche	सम्बंधी (m)	sambandhī
parent (m) éloigné	दूर का रिश्तेदार (m)	dūr ka rishtedār
parents (m pl)	रिश्तेदार (m pl)	rishtedār
orphelin (m), orpheline (f)	अनाथ (m)	anāth
tuteur (m)	अभिभावक (m)	abhibhāvak
adopter (un garçon)	लड़का गोद लेना	laraka god lena
adopter (une fille)	लड़की गोद लेना	larakī god lena

60. Les amis. Les collègues

ami (m)	दोस्त (m)	dost
amie (f)	सहेली (f)	sahelī
amitié (f)	दोस्ती (f)	dostī
être ami	दोस्त होना	dost hona
copain (m)	मित्र (m)	mitr
copine (f)	सहेली (f)	sahelī
partenaire (m)	पार्टनर (m)	pārtanar
chef (m)	चीफ़ (m)	chīf
supérieur (m)	अधीक्षक (m)	adhīkshak

subordonné (m)	अधीनस्थ (m)	adhīnasth
collègue (m, f)	सहकर्मी (m)	sahakarmī
connaissance (f)	परिचित आदमी (m)	parichit ādamī
compagnon (m) de route	सहगामी (m)	sahagāmī
copain (m) de classe	सहपाठी (m)	sahapāthī
voisin (m)	पड़ोसी (m)	parosī
voisine (f)	पड़ोसन (f)	parosan
voisins (m pl)	पड़ोसी (m pl)	parosī

LE CORPS HUMAIN.
LES MÉDICAMENTS

T&P Books Publishing

61. La tête

tête (f)	सिर (m)	sir
visage (m)	चेहरा (m)	chehara
nez (m)	नाक (f)	nāk
bouche (f)	मुँह (m)	munh
œil (m)	आँख (f)	ānkh
les yeux	आँखें (f)	ānkhen
pupille (f)	आँख की पुतली (f)	ānkh kī putalī
sourcil (m)	भौंह (f)	bhaunh
cil (m)	बरौनी (f)	baraunī
paupière (f)	पलक (m)	palak
langue (f)	जीभ (m)	jībh
dent (f)	दाँत (f)	dānt
lèvres (f pl)	होंठ (m)	honth
pommettes (f pl)	गाल की हड्डी (f)	gāl kī haddī
gencive (f)	मसूड़ा (m)	masūra
palais (m)	तालु (m)	tālu
narines (f pl)	नथने (m pl)	nathane
menton (m)	ठोड़ी (f)	thorī
mâchoire (f)	जबड़ा (m)	jabara
joue (f)	गाल (m)	gāl
front (m)	माथा (m)	mātha
tempe (f)	कनपट्टी (f)	kanapattī
oreille (f)	कान (m)	kān
nuque (f)	सिर का पिछला हिस्सा (m)	sir ka pichhala hissa
cou (m)	गरदन (f)	garadan
gorge (f)	गला (m)	gala
cheveux (m pl)	बाल (m pl)	bāl
coiffure (f)	हेयरस्टाइल (m)	heyarastail
coupe (f)	हेयरकट (m)	heyarakat
perruque (f)	नकली बाल (m)	nakalī bāl
moustache (f)	मूँछें (f pl)	mūnchhen
barbe (f)	दाढ़ी (f)	dārhī
porter (~ la barbe)	होना	hona
tresse (f)	चोटी (f)	chotī
favoris (m pl)	गलमुच्छा (m)	galamuchchha
roux (adj)	लाल बाल	lāl bāl
gris, grisonnant (adj)	सफ़ेद बाल	safed bāl

| chauve (adj) | गंजा | ganja |
| calvitie (f) | गंजाई (f) | ganjaī |

| queue (f) de cheval | पोनी-टेल (f) | ponī-tel |
| frange (f) | बेंग (m) | beng |

62. Le corps humain

| main (f) | हाथ (m) | hāth |
| bras (m) | बाँह (m) | bānh |

doigt (m)	ऊँगली (m)	ungalī
pouce (m)	अँगूठा (m)	angūtha
petit doigt (m)	छोटी उंगली (f)	chhotī ungalī
ongle (m)	नाखून (m)	nākhūn

poing (m)	मुट्ठी (m)	mutthī
paume (f)	हथेली (f)	hathelī
poignet (m)	कलाई (f)	kalaī
avant-bras (m)	प्रकोष्ठ (m)	prakoshth

| coude (m) | कोहनी (f) | kohanī |
| épaule (f) | कंधा (m) | kandha |

jambe (f)	टाँग (f)	tāng
pied (m)	पैर का तलवा (m)	pair ka talava
genou (m)	घुटना (m)	ghutana
mollet (m)	पिंडली (f)	pindalī

| hanche (f) | जाँघ (f) | jāngh |
| talon (m) | एड़ी (f) | erī |

corps (m)	शरीर (m)	sharīr
ventre (m)	पेट (m)	pet
poitrine (f)	सीना (m)	sīna
sein (m)	स्तन (f)	stan
côté (m)	कूल्हा (m)	kūlha
dos (m)	पीठ (f)	pīth

| reins (région lombaire) | पीठ का निचला हिस्सा (m) | pīth ka nichala hissa |
| taille (f) (~ de guêpe) | कमर (f) | kamar |

nombril (m)	नाभी (f)	nābhī
fesses (f pl)	नितंब (m pl)	nitamb
derrière (m)	नितम्ब (m)	nitamb

grain (m) de beauté	सौंदर्य चिन्ह (f)	saundary chinh
tache (f) de vin	जन्म चिह्न (m)	janm chihn
tatouage (m)	टैटू (m)	taitū
cicatrice (f)	घाव का निशान (m)	ghāv ka nishān

151

63. Les maladies

maladie (f)	बीमारी (f)	bīmārī
être malade	बीमार होना	bīmār hona
santé (f)	सेहत (f)	sehat
rhume (m) (coryza)	नज़ला (m)	nazala
angine (f)	टॉन्सिल (m)	tonsil
refroidissement (m)	ज़ुकाम (f)	zukām
prendre froid	ज़ुकाम हो जाना	zukām ho jāna
bronchite (f)	ब्रॉन्काइटिस (m)	bronkaitis
pneumonie (f)	निमोनिया (f)	nimoniya
grippe (f)	फ़्लू (m)	flū
myope (adj)	कमबीन	kamabīn
presbyte (adj)	कमज़ोर दूरदृष्टि	kamazor dūradrshti
strabisme (m)	तिरछी नज़र (m)	tirachhī nazar
strabique (adj)	तिरछी नज़रवाला	tirachhī nazaravāla
cataracte (f)	मोतिया बिंद (m)	motiya bind
glaucome (m)	काला मोतिया (m)	kāla motiya
insulte (f)	स्ट्रोक (m)	strok
crise (f) cardiaque	दिल का दौरा (m)	dil ka daura
infarctus (m) de myocarde	मायोकार्डियल इन्फ़ार्क्शन (m)	māyokārdiyal infārkshan
paralysie (f)	लकवा (m)	lakava
paralyser (vt)	लक़वा मारना	laqava mārana
allergie (f)	एलर्जी (f)	elarjī
asthme (m)	दमा (f)	dama
diabète (m)	शूगर (f)	shūgar
mal (m) de dents	दाँत दर्द (m)	dānt dard
carie (f)	दाँत में कीड़ा (m)	dānt men kīra
diarrhée (f)	दस्त (m)	dast
constipation (f)	कब्ज़ (m)	kabz
estomac (m) barbouillé	पेट ख़राब (m)	pet kharāb
intoxication (f) alimentaire	ख़राब खाने से हुई बीमारी (f)	kharāb khāne se huī bīmārī
être intoxiqué	ख़राब खाने से बीमार पड़ना	kharāb khāne se bīmār parana
arthrite (f)	गठिया (m)	gathiya
rachitisme (m)	बालवक्र (m)	bālavakr
rhumatisme (m)	आमवात (m)	āmavāt
athérosclérose (f)	धमनीकलाकाठिन्य (m)	dhamanīkalākāthiny
gastrite (f)	जठर-शोथ (m)	jathar-shoth
appendicite (f)	उण्डुक-शोथ (m)	unduk-shoth

cholécystite (f)	पित्ताशय (m)	pittāshay
ulcère (m)	अल्सर (m)	alsar
rougeole (f)	मीज़ल्स (m)	mīzals
rubéole (f)	जर्मन मीज़ल्स (m)	jarman mīzals
jaunisse (f)	पीलिया (m)	pīliya
hépatite (f)	हेपेटाइटिस (m)	hepetaitis
schizophrénie (f)	शीज़ोफ्रेनीय (f)	shīzofrenīy
rage (f) (hydrophobie)	रेबीज़ (m)	rebīz
névrose (f)	न्यूरोसिस (m)	nyūrosis
commotion (f) cérébrale	आघात (m)	āghāt
cancer (m)	कर्क रोग (m)	kark rog
sclérose (f)	काठिन्य (m)	kāthiny
sclérose (f) en plaques	मल्टीपल स्क्लेरोसिस (m)	maltīpal sklerosis
alcoolisme (m)	शराबीपन (m)	sharābīpan
alcoolique (m)	शराबी (m)	sharābī
syphilis (f)	सीफ़ीलिस (m)	sīfīlis
SIDA (m)	ऐड्स (m)	aids
tumeur (f)	ट्यूमर (m)	tyūmar
maligne (adj)	घातक	ghātak
bénigne (adj)	अर्बुद	arbud
fièvre (f)	बुखार (m)	bukhār
malaria (f)	मलेरिया (f)	maleriya
gangrène (f)	गैन्ग्रीन (m)	gaingrīn
mal (m) de mer	जहाज़ी मतली (f)	jahāzī matalī
épilepsie (f)	मिरगी (f)	miragī
épidémie (f)	महामारी (f)	mahāmārī
typhus (m)	टाइफ़स (m)	taifas
tuberculose (f)	टीबी (m)	tībī
choléra (m)	हैज़ा (f)	haiza
peste (f)	प्लेग (f)	pleg

64. Les symptômes. Le traitement. Partie 1

symptôme (m)	लक्षण (m)	lakshan
température (f)	तापमान (m)	tāpamān
fièvre (f)	बुखार (f)	bukhār
pouls (m)	नब्ज़ (f)	nabz
vertige (m)	सिर का चक्कर (m)	sir ka chakkar
chaud (adj)	गरम	garam
frisson (m)	कंपकंपी (f)	kampakampī
pâle (adj)	पीला	pīla
toux (f)	खाँसी (f)	khānsī

tousser (vi)	खाँसना	khānsana
éternuer (vi)	छींकना	chhīnkana
évanouissement (m)	बेहोशी (f)	behoshī
s'évanouir (vp)	बेहोश होना	behosh hona

bleu (m)	नील (m)	nīl
bosse (f)	गुमड़ा (m)	gumara
se heurter (vp)	चोट लगना	chot lagana
meurtrissure (f)	चोट (f)	chot
se faire mal	घाव लगना	ghāv lagana

boiter (vi)	लँगड़ाना	langarāna
foulure (f)	हड्डी खिसकना (f)	haddī khisakana
se démettre (l'épaule, etc.)	हड्डी खिसकना	haddī khisakana
fracture (f)	हड्डी टूट जाना (f)	haddī tūt jāna
avoir une fracture	हड्डी टूट जाना	haddī tūt jāna

coupure (f)	कट जाना (m)	kat jāna
se couper (~ le doigt)	ख़ुद को काट लेना	khud ko kāt lena
hémorragie (f)	रक्त-स्राव (m)	rakt-srāv

| brûlure (f) | जला होना | jala hona |
| se brûler (vp) | जल जाना | jal jāna |

se piquer (le doigt)	चुभाना	chubhāna
se piquer (vp)	ख़ुद को चुभाना	khud ko chubhāna
blesser (vt)	घायल करना	ghāyal karana
blessure (f)	चोट (f)	chot
plaie (f) (blessure)	घाव (m)	ghāv
trauma (m)	चोट (f)	chot

délirer (vi)	बेहोशी में बड़बड़ाना	behoshī men barabadāna
bégayer (vi)	हकलाना	hakalāna
insolation (f)	धूप आघात (m)	dhūp āghāt

65. Les symptômes. Le traitement. Partie 2

| douleur (f) | दर्द (f) | dard |
| écharde (f) | चुभ जाना (m) | chubh jāna |

sueur (f)	पसीना (f)	pasīna
suer (vi)	पसीना निकलना	pasīna nikalana
vomissement (m)	वमन (m)	vaman
spasmes (m pl)	दौरा (m)	daura

enceinte (adj)	गर्भवती	garbhavatī
naître (vi)	जन्म लेना	janm lena
accouchement (m)	पैदा करना (m)	paida karana
accoucher (vi)	पैदा करना	paida karana
avortement (m)	गर्भपात (m)	garbhapāt

respiration (f)	साँस (f)	sāns
inhalation (f)	साँस अंदर खींचना (f)	sāns andar khīnchana
expiration (f)	साँस बाहर छोड़ना (f)	sāns bāhar chhorana
expirer (vi)	साँस बाहर छोड़ना	sāns bāhar chhorana
inspirer (vi)	साँस अंदर खींचना	sāns andar khīnchana

invalide (m)	अपाहिज (m)	apāhij
handicapé (m)	लूला (m)	lūla
drogué (m)	नशेबाज़ (m)	nashebāz

sourd (adj)	बहरा	bahara
muet (adj)	गूँगा	gūnga
sourd-muet (adj)	बहरा और गूँगा	bahara aur gūnga

fou (adj)	पागल	pāgal
fou (m)	पगला (m)	pagala
folle (f)	पगली (f)	pagalī
devenir fou	पागल हो जाना	pāgal ho jāna

gène (m)	वंशाणु (m)	vanshānu
immunité (f)	रोग प्रतिरोधक शक्ति (f)	rog pratirodhak shakti
héréditaire (adj)	जन्मजात	janmajāt
congénital (adj)	पैदाइशी	paidaishī

virus (m)	विषाणु (m)	vishānu
microbe (m)	कीटाणु (m)	kītānu
bactérie (f)	जीवाणु (m)	jīvānu
infection (f)	संक्रमण (m)	sankraman

66. Les symptômes. Le traitement. Partie 3

| hôpital (m) | अस्पताल (m) | aspatāl |
| patient (m) | मरीज़ (m) | marīz |

diagnostic (m)	रोग-निर्णय (m)	rog-nirnay
cure (f) (faire une ~)	इलाज (m)	ilāj
traitement (m)	चिकित्सीय उपचार (m)	chikitsīy upachār
se faire soigner	इलाज कराना	ilāj karāna
traiter (un patient)	इलाज करना	ilāj karana
soigner (un malade)	देखभाल करना	dekhabhāl karana
soins (m pl)	देखभाल (f)	dekhabhāl

opération (f)	ऑपरेशन (m)	opareshan
panser (vt)	पट्टी बाँधना	pattī bāndhana
pansement (m)	पट्टी (f)	pattī

vaccination (f)	टीका (m)	tīka
vacciner (vt)	टीका लगाना	tīka lagāna
piqûre (f)	इंजेक्शन (m)	injekshan
faire une piqûre	इंजेक्शन लगाना	injekshan lagāna

amputation (f)	अंगविच्छेद (f)	angavichchhed
amputer (vt)	अंगविच्छेद करना	angavichchhed karana
coma (m)	कोमा (m)	koma
être dans le coma	कोमा में चले जाना	koma men chale jāna
réanimation (f)	गहन चिकित्सा (f)	gahan chikitsa
se rétablir (vp)	ठीक हो जाना	thīk ho jāna
état (m) (de santé)	हालत (m)	hālat
conscience (f)	होश (m)	hosh
mémoire (f)	याददाश्त (f)	yādadāsht
arracher (une dent)	दाँत निकालना	dānt nikālana
plombage (m)	भराव (m)	bharāv
plomber (vt)	दाँत को भरना	dānt ko bharana
hypnose (f)	हिपनोसिस (m)	hipanosis
hypnotiser (vt)	हिपनोटाइज़ करना	hipanotaiz karana

67. Les médicaments. Les accessoires

médicament (m)	दवा (f)	dava
remède (m)	दवाई (f)	davaī
prescrire (vt)	नुसख़ा लिखना	nusakha likhana
ordonnance (f)	नुसख़ा (m)	nusakha
comprimé (m)	गोली (f)	golī
onguent (m)	मरहम (m)	maraham
ampoule (f)	एम्प्यूल (m)	empyūl
mixture (f)	सिरप (m)	sirap
sirop (m)	शरबत (m)	sharabat
pilule (f)	गोली (f)	golī
poudre (f)	चूरन (m)	chūran
bande (f)	पट्टी (f)	pattī
coton (m) (ouate)	रूई का गोला (m)	rūī ka gola
iode (m)	आयोडीन (m)	āyodīn
sparadrap (m)	बैंड-एड (m)	baind-ed
compte-gouttes (m)	आई-ड्रॉपर (m)	āī-dropar
thermomètre (m)	थरमामीटर (m)	tharamāmītar
seringue (f)	इंजेक्शन (m)	injekshan
fauteuil (m) roulant	व्हीलचेयर (f)	vhīlacheyar
béquilles (f pl)	बैसाखी (m pl)	baisākhī
anesthésique (m)	दर्द-निवारक (f)	dard-nivārak
purgatif (m)	जुलाब की गोली (f)	julāb kī golī
alcool (m)	स्पिरिट (m)	spirit
herbe (f) médicinale	जड़ी-बूटी (f)	jarī-būtī
d'herbes (adj)	जड़ी-बूटियों से बना	jarī-būtiyon se bana

L'APPARTEMENT

T&P Books Publishing

68. L'appartement

appartement (m)	फ़्लैट (f)	flait
chambre (f)	कमरा (m)	kamara
chambre (f) à coucher	सोने का कमरा (m)	sone ka kamara
salle (f) à manger	खाने का कमरा (m)	khāne ka kamara
salon (m)	बैठक (f)	baithak
bureau (m)	घरेलू कार्यालय (m)	gharelū kāryālay
antichambre (f)	प्रवेश कक्ष (m)	pravesh kaksh
salle (f) de bains	स्नानघर (m)	snānaghar
toilettes (f pl)	शौचालय (m)	shauchālay
plafond (m)	छत (f)	chhat
plancher (m)	फ़र्श (m)	farsh
coin (m)	कोना (m)	kona

69. Les meubles. L'intérieur

meubles (m pl)	फ़र्निचर (m)	farnichar
table (f)	मेज़ (f)	mez
chaise (f)	कुर्सी (f)	kursī
lit (m)	पलंग (m)	palang
canapé (m)	सोफ़ा (m)	sofa
fauteuil (m)	हत्थे वाली कुर्सी (f)	hatthe vālī kursī
bibliothèque (f) (meuble)	किताबों की अलमारी (f)	kitābon kī alamārī
rayon (m)	शेल्फ़ (f)	shelf
armoire (f)	कपड़ों की अलमारी (f)	kaparon kī alamārī
patère (f)	खूँटी (f)	khūntī
portemanteau (m)	खूँटी (f)	khūntī
commode (f)	कपड़ों की अलमारी (f)	kaparon kī alamārī
table (f) basse	कॉफ़ी की मेज़ (f)	kofī kī mez
miroir (m)	आईना (m)	āīna
tapis (m)	कालीन (m)	kālīn
petit tapis (m)	दरी (f)	darī
cheminée (f)	चिमनी (f)	chimanī
bougie (f)	मोमबत्ती (f)	momabattī
chandelier (m)	मोमबत्तीदान (m)	momabattīdān
rideaux (m pl)	परदे (m pl)	parade

papier (m) peint	वॉल पेपर (m)	vol pepar
jalousie (f)	जेलुज़ी (f pl)	jeluzī
lampe (f) de table	मेज़ का लैम्प (m)	mez ka laimp
applique (f)	दिवार का लैम्प (m)	divār ka laimp
lampadaire (m)	फ़र्श का लैम्प (m)	farsh ka laimp
lustre (m)	झूमर (m)	jhūmar
pied (m) (~ de la table)	पाँव (m)	pānv
accoudoir (m)	कुर्सी का हत्था (m)	kursī ka hattha
dossier (m)	कुर्सी की पीठ (f)	kursī kī pīth
tiroir (m)	दराज़ (m)	darāz

70. La literie

linge (m) de lit	बिस्तर के कपड़े (m)	bistar ke kapare
oreiller (m)	तकिया (m)	takiya
taie (f) d'oreiller	ग़िलाफ़ (m)	gilāf
couverture (f)	रज़ाई (f)	razaī
drap (m)	चादर (f)	chādar
couvre-lit (m)	चादर (f)	chādar

71. La cuisine

cuisine (f)	रसोईघर (m)	rasoīghar
gaz (m)	गैस (m)	gais
cuisinière (f) à gaz	गैस का चूल्हा (m)	gais ka chūlha
cuisinière (f) électrique	बिजली का चूल्हा (m)	bijalī ka chūlha
four (m)	ओवन (m)	ovan
four (m) micro-ondes	माइक्रोवेव ओवन (m)	maikrovev ovan
réfrigérateur (m)	फ़्रिज (m)	frij
congélateur (m)	फ़्रीजर (m)	frījar
lave-vaisselle (m)	डिशवॉशर (m)	dishavoshar
hachoir (m) à viande	कीमा बनाने की मशीन (f)	kīma banāne kī mashīn
centrifugeuse (f)	जूसर (m)	jūsar
grille-pain (m)	टोस्टर (m)	tostar
batteur (m)	मिक्सर (m)	miksar
machine (f) à café	कॉफ़ी मशीन (f)	kofī mashīn
cafetière (f)	कॉफ़ी पॉट (m)	kofī pot
moulin (m) à café	कॉफ़ी पीसने की मशीन (f)	kofī pīsane kī mashīn
bouilloire (f)	केतली (f)	ketalī
théière (f)	चायदानी (f)	chāyadānī
couvercle (m)	ढक्कन (m)	dhakkan
passoire (f) à thé	छलनी (f)	chhalanī

cuillère (f)	चम्मच (m)	chammach
petite cuillère (f)	चम्मच (m)	chammach
cuillère (f) à soupe	चम्मच (m)	chammach
fourchette (f)	काँटा (m)	kānta
couteau (m)	छुरी (f)	chhurī

vaisselle (f)	बरतन (m)	baratan
assiette (f)	तश्तरी (f)	tashtarī
soucoupe (f)	तश्तरी (f)	tashtarī

verre (m) à shot	जाम (m)	jām
verre (m) (~ d'eau)	गिलास (m)	gilās
tasse (f)	प्याला (m)	pyāla

sucrier (m)	चीनीदानी (f)	chīnīdānī
salière (f)	नमकदानी (m)	namakadānī
poivrière (f)	मिर्चदानी (f)	mirchadānī
beurrier (m)	मक्खनदानी (f)	makkhanadānī

casserole (f)	सॉसपैन (m)	sosapain
poêle (f)	फ्राइ पैन (f)	frai pain
louche (f)	डोई (f)	doī
passoire (f)	कालेन्डर (m)	kālendar
plateau (m)	थाली (m)	thālī

bouteille (f)	बोतल (f)	botal
bocal (m) (à conserves)	शीशी (f)	shīshī
boîte (f) en fer-blanc	डिब्बा (m)	dibba

ouvre-bouteille (m)	बोतल ओपनर (m)	botal opanar
ouvre-boîte (m)	ओपनर (m)	opanar
tire-bouchon (m)	पेंचकस (m)	penchakas
filtre (m)	फ़िल्टर (m)	filtar
filtrer (vt)	फ़िल्टर करना	filtar karana

| ordures (f pl) | कूड़ा (m) | kūra |
| poubelle (f) | कूड़े की बाल्टी (f) | kūre kī bāltī |

72. La salle de bains

salle (f) de bains	स्नानघर (m)	snānaghar
eau (f)	पानी (m)	pānī
robinet (m)	नल (m)	nal
eau (f) chaude	गरम पानी (m)	garam pānī
eau (f) froide	ठंडा पानी (m)	thanda pānī

dentifrice (m)	टूथपेस्ट (m)	tūthapest
se brosser les dents	दाँत ब्रश करना	dānt brash karana
se raser (vp)	शेव करना	shev karana
mousse (f) à raser	शेविंग फ़ोम (m)	sheving fom

rasoir (m)	रेज़र (f)	rezar
laver (vt)	धोना	dhona
se laver (vp)	नहाना	nahāna
douche (f)	शावर (m)	shāvar
prendre une douche	शावर लेना	shāvar lena
baignoire (f)	बाथटब (m)	bāthatab
cuvette (f)	संडास (m)	sandās
lavabo (m)	सिंक (m)	sink
savon (m)	साबुन (m)	sābun
porte-savon (m)	साबुनदानी (f)	sābunadānī
éponge (f)	स्पंज (f)	spanj
shampooing (m)	शैम्पू (m)	shaimpū
serviette (f)	तौलिया (f)	tauliya
peignoir (m) de bain	चोगा (m)	choga
lessive (f) (faire la ~)	धुलाई (f)	dhulaī
machine (f) à laver	वॉशिंग मशीन (f)	voshing mashīn
faire la lessive	कपड़े धोना	kapare dhona
lessive (f) (poudre)	कपड़े धोने का पाउडर (m)	kapare dhone ka paudar

73. Les appareils électroménagers

téléviseur (m)	टीवी सेट (m)	tīvī set
magnétophone (m)	टेप रिकार्डर (m)	tep rikārdar
magnétoscope (m)	वीडियो टेप रिकार्डर (m)	vīdiyo tep rikārdar
radio (f)	रेडियो (m)	rediyo
lecteur (m)	प्लेयर (m)	pleyar
vidéoprojecteur (m)	वीडियो प्रोजेक्टर (m)	vīdiyo projektar
home cinéma (m)	होम थीएटर (m)	hom thīetar
lecteur DVD (m)	डीवीडी प्लेयर (m)	dīvīdī pleyar
amplificateur (m)	ध्वनि-विस्तारक (m)	dhvani-vistārak
console (f) de jeux	वीडियो गेम कन्सोल (m)	vīdiyo gem kansol
caméscope (m)	वीडियो कैमरा (m)	vīdiyo kaimara
appareil (m) photo	कैमरा (m)	kaimara
appareil (m) photo numérique	डीजिटल कैमरा (m)	dījital kaimara
aspirateur (m)	वैक्यूम क्लीनर (m)	vaikyūm klīnar
fer (m) à repasser	इस्तरी (f)	istarī
planche (f) à repasser	इस्तरी तख़्ता (m)	istarī takhta
téléphone (m)	टेलीफ़ोन (m)	telīfon
portable (m)	मोबाइल फ़ोन (m)	mobail fon
machine (f) à écrire	टाइपराइटर (m)	taiparaitar
machine (f) à coudre	सिलाई मशीन (f)	silaī mashīn

micro (m)	माइक्रोफ़ोन (m)	maikrofon
écouteurs (m pl)	हैड्फ़ोन (m pl)	hairafon
télécommande (f)	रिमोट (m)	rimot

CD (m)	सीडी (m)	sīdī
cassette (f)	कैसेट (f)	kaiset
disque (m) (vinyle)	रिकार्ड (m)	rikārd

LA TERRE. LE TEMPS

T&P Books Publishing

74. L'espace cosmique

cosmos (m)	अंतरिक्ष (m)	antariksh
cosmique (adj)	अंतरिक्षीय	antarikshīy
espace (m) cosmique	अंतरिक्ष (m)	antariksh
univers (m)	ब्रह्माण्ड (m)	brahmānd
galaxie (f)	आकाशगंगा (f)	ākāshaganga

étoile (f)	सितारा (m)	sitāra
constellation (f)	नक्षत्र (m)	nakshatr
planète (f)	ग्रह (m)	grah
satellite (m)	उपग्रह (m)	upagrah

météorite (m)	उल्का पिंड (m)	ulka pind
comète (f)	पुच्छल तारा (m)	puchchhal tāra
astéroïde (m)	ग्रहिका (f)	grahika

orbite (f)	ग्रहपथ (m)	grahapath
tourner (vi)	चक्कर लगना	chakkar lagana
atmosphère (f)	वातावरण (m)	vātāvaran

Soleil (m)	सूरज (m)	sūraj
système (m) solaire	सौर प्रणाली (f)	saur pranālī
éclipse (f) de soleil	सूर्य ग्रहण (m)	sūry grahan

| Terre (f) | पृथ्वी (f) | prthvī |
| Lune (f) | चांद (m) | chānd |

Mars (m)	मंगल (m)	mangal
Vénus (f)	शुक्र (m)	shukr
Jupiter (m)	बृहस्पति (m)	brhaspati
Saturne (m)	शनि (m)	shani

Mercure (m)	बुध (m)	budh
Uranus (m)	अरुण (m)	arun
Neptune (m)	वरूण (m)	varūn
Pluton (m)	प्लूटो (m)	plūto

la Voie Lactée	आकाश गंगा (f)	ākāsh ganga
la Grande Ours	सप्तर्षिमंडल (m)	saptarshimandal
la Polaire	ध्रुव तारा (m)	dhruv tāra
martien (m)	मंगल ग्रह का निवासी (m)	mangal grah ka nivāsī
extraterrestre (m)	अन्य नक्षत्र का निवासी (m)	any nakshatr ka nivāsī
alien (m)	अन्य नक्षत्र का निवासी (m)	any nakshatr ka nivāsī

soucoupe (f) volante	उड़न तश्तरी (f)	uran tashtarī
vaisseau (m) spatial	अंतरिक्ष विमान (m)	antariksh vimān
station (f) orbitale	अंतरिक्ष अड्डा (m)	antariksh adda
lancement (m)	चालू करना (m)	chālū karana

moteur (m)	इंजन (m)	injan
tuyère (f)	नोज़ल (m)	nozal
carburant (m)	ईंधन (m)	īndhan

cabine (f)	केबिन (m)	kebin
antenne (f)	एरियल (m)	eriyal
hublot (m)	विमान गवाक्ष (m)	vimān gavāksh
batterie (f) solaire	सौर पेनल (m)	saur penal
scaphandre (m)	अंतरिक्ष पोशाक (m)	antariksh poshāk

| apesanteur (f) | भारहीनता (m) | bhārahīnata |
| oxygène (m) | आक्सीजन (m) | āksījan |

| arrimage (m) | डॉकिंग (f) | doking |
| s'arrimer à ... | डॉकिंग करना | doking karana |

observatoire (m)	वेधशाला (m)	vedhashāla
télescope (m)	दूरबीन (f)	dūrabīn
observer (vt)	देखना	dekhana
explorer (un cosmos)	जाँचना	jānchana

75. La Terre

Terre (f)	पृथ्वी (f)	prthvī
globe (m) terrestre	गोला (m)	gola
planète (f)	ग्रह (m)	grah

atmosphère (f)	वातावरण (m)	vātāvaran
géographie (f)	भूगोल (m)	bhūgol
nature (f)	प्रकृति (f)	prakrti

globe (m) de table	गोलक (m)	golak
carte (f)	नक्शा (m)	naksha
atlas (m)	मानचित्रावली (f)	mānachitrāvalī

Europe (f)	यूरोप (m)	yūrop
Asie (f)	एशिया (f)	eshiya
Afrique (f)	अफ्रीका (m)	afrīka
Australie (f)	ऑस्ट्रेलिया (m)	ostreliya

Amérique (f)	अमेरिका (f)	amerika
Amérique (f) du Nord	उत्तरी अमेरिका (f)	uttarī amerika
Amérique (f) du Sud	दक्षिणी अमेरिका (f)	dakshinī amerika
l'Antarctique (m)	अंटार्कटिक (m)	antārkatik
l'Arctique (m)	आर्कटिक (m)	ārkatik

76. Les quatre parties du monde

nord (m)	उत्तर (m)	uttar
vers le nord	उत्तर की ओर	uttar kī or
au nord	उत्तर में	uttar men
du nord (adj)	उत्तरी	uttarī
sud (m)	दक्षिण (m)	dakshin
vers le sud	दक्षिण की ओर	dakshin kī or
au sud	दक्षिण में	dakshin men
du sud (adj)	दक्षिणी	dakshinī
ouest (m)	पश्चिम (m)	pashchim
vers l'occident	पश्चिम की ओर	pashchim kī or
à l'occident	पश्चिम में	pashchim men
occidental (adj)	पश्चिमी	pashchimī
est (m)	पूर्व (m)	pūrv
vers l'orient	पूर्व की ओर	pūrv kī or
à l'orient	पूर्व में	pūrv men
oriental (adj)	पूर्वी	pūrvī

77. Les océans et les mers

mer (f)	सागर (m)	sāgar
océan (m)	महासागर (m)	mahāsāgar
golfe (m)	खाड़ी (f)	khārī
détroit (m)	जलग्रीवा (m)	jalagrīva
continent (m)	महाद्वीप (m)	mahādvīp
île (f)	द्वीप (m)	dvīp
presqu'île (f)	प्रायद्वीप (m)	prāyadvīp
archipel (m)	द्वीप समूह (m)	dvīp samūh
baie (f)	तट-खाड़ी (f)	tat-khārī
port (m)	बंदरगाह (m)	bandaragāh
lagune (f)	लैगून (m)	laigūn
cap (m)	अंतरीप (m)	antarīp
atoll (m)	एटोल (m)	etol
récif (m)	रीफ़ (m)	rīf
corail (m)	प्रवाल (m)	pravāl
récif (m) de corail	प्रवाल रीफ़ (m)	pravāl rīf
profond (adj)	गहरा	gahara
profondeur (f)	गहराई (f)	gaharaī
abîme (m)	रसातल (m)	rasātal
fosse (f) océanique	गढ़ा (m)	garha
courant (m)	धारा (f)	dhāra

baigner (vt) (mer)	घिरा होना	ghira hona
littoral (m)	किनारा (m)	kināra
côte (f)	तटबंध (m)	tatabandh
marée (f) haute	ज्वार (m)	jvār
marée (f) basse	भाटा (m)	bhāta
banc (m) de sable	रेती (m)	retī
fond (m)	तला (m)	tala
vague (f)	तरंग (f)	tarang
crête (f) de la vague	तरंग शिखर (f)	tarang shikhar
mousse (f)	झाग (m)	jhāg
ouragan (m)	तुफ़ान (m)	tufān
tsunami (m)	सुनामी (f)	sunāmī
calme (m)	शांत (m)	shānt
calme (tranquille)	शांत	shānt
pôle (m)	ध्रुव (m)	dhruv
polaire (adj)	ध्रुवीय	dhruvīy
latitude (f)	अक्षांश (m)	akshānsh
longitude (f)	देशान्तर (m)	deshāntar
parallèle (f)	समांतर-रेखा (f)	samāntar-rekha
équateur (m)	भूमध्य रेखा (f)	bhūmadhy rekha
ciel (m)	आकाश (f)	ākāsh
horizon (m)	क्षितिज (m)	kshitij
air (m)	हवा (f)	hava
phare (m)	प्रकाशस्तंभ (m)	prakāshastambh
plonger (vi)	गोता मारना	gota mārana
sombrer (vi)	डूब जाना	dūb jāna
trésor (m)	खज़ाना (m)	khazāna

78. Les noms des mers et des océans

océan (m) Atlantique	अटलांटिक महासागर (m)	atalāntik mahāsāgar
océan (m) Indien	हिन्द महासागर (m)	hind mahāsāgar
océan (m) Pacifique	प्रशांत महासागर (m)	prashānt mahāsāgar
océan (m) Glacial	उत्तरी ध्रुव महासागर (m)	uttarī dhuv mahāsāgar
mer (f) Noire	काला सागर (m)	kāla sāgar
mer (f) Rouge	लाल सागर (m)	lāl sāgar
mer (f) Jaune	पीला सागर (m)	pīla sāgar
mer (f) Blanche	सफ़ेद सागर (m)	safed sāgar
mer (f) Caspienne	कैस्पियन सागर (m)	kaispiyan sāgar
mer (f) Morte	मृत सागर (m)	mrt sāgar
mer (f) Méditerranée	भूमध्य सागर (m)	bhūmadhy sāgar

mer (f) Égée	ईजियन सागर (m)	ījiyan sāgar
mer (f) Adriatique	एड्रिएटिक सागर (m)	edrietik sāgar
mer (f) Arabique	अरब सागर (m)	arab sāgar
mer (f) du Japon	जापान सागर (m)	jāpān sāgar
mer (f) de Béring	बेरिंग सागर (m)	bering sāgar
mer (f) de Chine Méridionale	दक्षिण चीन सागर (m)	dakshin chīn sāgar
mer (f) de Corail	कोरल सागर (m)	koral sāgar
mer (f) de Tasman	तस्मान सागर (m)	tasmān sāgar
mer (f) Caraïbe	करिबियन सागर (m)	karibiyan sāgar
mer (f) de Barents	बैरेंट्स सागर (m)	bairents sāgar
mer (f) de Kara	काड़ा सागर (m)	kāra sāgar
mer (f) du Nord	उत्तर सागर (m)	uttar sāgar
mer (f) Baltique	बाल्टिक सागर (m)	bāltik sāgar
mer (f) de Norvège	नार्वे सागर (m)	nārve sāgar

79. Les montagnes

montagne (f)	पहाड़ (m)	pahār
chaîne (f) de montagnes	पर्वत माला (f)	parvat māla
crête (f)	पहाड़ों का सिलसिला (m)	pahāron ka silasila
sommet (m)	चोटी (f)	chotī
pic (m)	शिखर (m)	shikhar
pied (m)	तलहटी (f)	talahatī
pente (f)	ढलान (f)	dhalān
volcan (m)	ज्वालामुखी (m)	jvālāmukhī
volcan (m) actif	सक्रिय ज्वालामुखी (m)	sakriy jvālāmukhī
volcan (m) éteint	निष्क्रिय ज्वालामुखी (m)	nishkriy jvālāmukhī
éruption (f)	विस्फोटन (m)	visfotan
cratère (m)	ज्वालामुखी का मुख (m)	jvālāmukhī ka mukh
magma (m)	मैग्मा (m)	maigma
lave (f)	लावा (m)	lāva
en fusion (lave ~)	पिघला हुआ	pighala hua
canyon (m)	घाटी (m)	ghātī
défilé (m) (gorge)	तंग घाटी (f)	tang ghātī
crevasse (f)	दरार (m)	darār
col (m) de montagne	मार्ग (m)	mārg
plateau (m)	पठार (m)	pathār
rocher (m)	शिला (f)	shila
colline (f)	टीला (m)	tīla
glacier (m)	हिमनद (m)	himanad

chute (f) d'eau	झरना (m)	jharana
geyser (m)	उष्ण जल स्रोत (m)	ushn jal srot
lac (m)	तालाब (m)	tālāb
plaine (f)	समतल प्रदेश (m)	samatal pradesh
paysage (m)	परिदृश्य (m)	paridrshy
écho (m)	गूँज (f)	gūnj
alpiniste (m)	पर्वतारोही (m)	parvatārohī
varappeur (m)	पर्वतारोही (m)	parvatārohī
conquérir (vt)	चोटी पर पहुँचना	chotī par pahunchana
ascension (f)	चढ़ाव (m)	charhāv

80. Les noms des chaînes de montagne

Alpes (f pl)	आल्पस (m)	ālpas
Mont Blanc (m)	मोन्ट ब्लैंक (m)	mont blaink
Pyrénées (f pl)	पाइरीनीज़ (f pl)	pairīnīz
Carpates (f pl)	कार्पाथियेन्स (m)	kārpāthiyens
Monts Oural (m pl)	यूरल (m)	yūral
Caucase (m)	कॉकेशिया के पहाड़ (m)	kokeshiya ke pahār
Elbrous (m)	एल्ब्रस पर्वत (m)	elbras parvat
Altaï (m)	अल्टाई पर्वत (m)	altaī parvat
Tian Chan (m)	तियान शान (m)	tiyān shān
Pamir (m)	पामीर पर्वत (m)	pāmīr parvat
Himalaya (m)	हिमालय (m)	himālay
Everest (m)	माउंट एवरेस्ट (m)	maunt evarest
Andes (f pl)	एंडीज़ (f pl)	endīz
Kilimandjaro (m)	किलीमन्जारो (m)	kilīmanjāro

81. Les fleuves

rivière (f), fleuve (m)	नदी (f)	nadī
source (f)	झरना (m)	jharana
lit (m) (d'une rivière)	नदी तल (m)	nadī tal
bassin (m)	बेसिन (m)	besin
se jeter dans …	गिरना	girana
affluent (m)	उपनदी (f)	upanadī
rive (f)	तट (m)	tat
courant (m)	धारा (f)	dhāra
en aval	बहाव के साथ	bahāv ke sāth
en amont	बहाव के विरुद्ध	bahāv ke virūddh
inondation (f)	बाढ़ (f)	bārh

les grandes crues	बाढ़ (f)	bārh
déborder (vt)	उमड़ना	umarana
inonder (vt)	पानी से भरना	pānī se bharana
bas-fond (m)	छिछला पानी (m)	chhichhala pānī
rapide (m)	तेज़ उतार (m)	tez utār
barrage (m)	बांध (m)	bāndh
canal (m)	नहर (f)	nahar
lac (m) de barrage	जलाशय (m)	jalāshay
écluse (f)	स्लूस (m)	slūs
plan (m) d'eau	जल स्रोत (m)	jal srot
marais (m)	दलदल (f)	daladal
fondrière (f)	दलदल (f)	daladal
tourbillon (m)	भंवर (m)	bhanvar
ruisseau (m)	झरना (m)	jharana
potable (adj)	पीने का	pīne ka
douce (l'eau ~)	ताज़ा	tāza
glace (f)	बर्फ़ (m)	barf
être gelé	जम जाना	jam jāna

82. Les noms des fleuves

Seine (f)	सीन (f)	sīn
Loire (f)	लॉयर (f)	loyar
Tamise (f)	थेम्स (f)	thems
Rhin (m)	राइन (f)	rain
Danube (m)	डेन्यूब (f)	denyūb
Volga (f)	वोल्गा (f)	volga
Don (m)	डॉन (f)	don
Lena (f)	लेना (f)	lena
Huang He (m)	ह्वांग हे (f)	hvāng he
Yangzi Jiang (m)	यांग्त्ज़ी (f)	yāngtzī
Mékong (m)	मेकांग (f)	mekāng
Gange (m)	गंगा (f)	ganga
Nil (m)	नील (f)	nīl
Congo (m)	कांगो (f)	kāngo
Okavango (m)	ओकावान्गो (f)	okāvāngo
Zambèze (m)	ज़म्बेज़ी (f)	zambezī
Limpopo (m)	लिम्पोपो (f)	limpopo
Mississippi (m)	मिसिसिपी (f)	misisipī

83. La forêt

forêt (f)	जंगल (m)	jangal
forestier (adj)	जंगली	jangalī
fourré (m)	घना जंगल (m)	ghana jangal
bosquet (m)	उपवान (m)	upavān
clairière (f)	खुला छोटा मैदान (m)	khula chhota maidān
broussailles (f pl)	झाड़ियाँ (f pl)	jhāriyān
taillis (m)	झाड़ियों भरा मैदान (m)	jhāriyon bhara maidān
sentier (m)	फुटपाथ (m)	futapāth
ravin (m)	नाली (f)	nālī
arbre (m)	पेड़ (m)	per
feuille (f)	पत्ता (m)	patta
feuillage (m)	पत्तियां (f)	pattiyān
chute (f) de feuilles	पतझड़ (m)	patajhar
tomber (feuilles)	गिरना	girana
sommet (m)	शिखर (m)	shikhar
rameau (m)	टहनी (f)	tahanī
branche (f)	शाखा (f)	shākha
bourgeon (m)	कलिका (f)	kalika
aiguille (f)	सुई (f)	suī
pomme (f) de pin	शंकुफल (m)	shankufal
creux (m)	खोखला (m)	khokhala
nid (m)	घोंसला (m)	ghonsala
terrier (m) (~ d'un renard)	बिल (m)	bil
tronc (m)	तना (m)	tana
racine (f)	जड़ (f)	jar
écorce (f)	छाल (f)	chhāl
mousse (f)	काई (f)	kaī
déraciner (vt)	उखाड़ना	ukhārana
abattre (un arbre)	काटना	kātana
déboiser (vt)	जंगल काटना	jangal kātana
souche (f)	ठूंठ (m)	thūnth
feu (m) de bois	अलाव (m)	alāv
incendie (m)	जंगल की आग (f)	jangal kī āg
éteindre (feu)	आग बुझाना	āg bujhāna
garde (m) forestier	वनरक्षक (m)	vanarakshak
protection (f)	रक्षा (f)	raksha
protéger (vt)	रक्षा करना	raksha karana
braconnier (m)	चोर शिकारी (m)	chor shikārī

piège (m) à mâchoires	फंदा (m)	fanda
cueillir (vt)	बटोरना	batorana
s'égarer (vp)	रास्ता भूलना	rāsta bhūlana

84. Les ressources naturelles

ressources (f pl) naturelles	प्राकृतिक संसाधन (m pl)	prākrtik sansādhan
minéraux (m pl)	खनिज पदार्थ (m pl)	khanij padārth
gisement (m)	तह (f pl)	tah
champ (m) (~ pétrolifère)	क्षेत्र (m)	kshetr

extraire (vt)	खोदना	khodana
extraction (f)	खनिकर्म (m)	khanikarm
minerai (m)	अयस्क (m)	ayask
mine (f) (site)	खान (f)	khān
puits (m) de mine	शैफ्ट (m)	shaifat
mineur (m)	खनिक (m)	khanik

| gaz (m) | गैस (m) | gais |
| gazoduc (m) | गैस पाइप लाइन (m) | gais paip lain |

pétrole (m)	पेट्रोल (m)	petrol
pipeline (m)	तेल पाइप लाइन (m)	tel paip lain
tour (f) de forage	तेल का कुँआ (m)	tel ka kuna
derrick (m)	डेरिक (m)	derik
pétrolier (m)	टैंकर (m)	tainkar

sable (m)	रेत (m)	ret
calcaire (m)	चूना पत्थर (m)	chūna patthar
gravier (m)	बजरी (f)	bajarī
tourbe (f)	पीट (m)	pīt
argile (f)	मिट्टी (f)	mittī
charbon (m)	कोयला (m)	koyala

fer (m)	लोहा (m)	loha
or (m)	सोना (m)	sona
argent (m)	चाँदी (f)	chāndī
nickel (m)	गिलट (m)	gilat
cuivre (m)	ताँबा (m)	tānba

| zinc (m) | जस्ता (m) | jasta |
| manganèse (m) | अयस (m) | ayas |

| mercure (m) | पारा (f) | pāra |
| plomb (m) | सीसा (f) | sīsa |

minéral (m)	खनिज (m)	khanij
cristal (m)	क्रिस्टल (m)	kristal
marbre (m)	संगमरमर (m)	sangamaramar
uranium (m)	यूरेनियम (m)	yūreniyam

85. Le temps

temps (m)	मौसम (m)	mausam
météo (f)	मौसम का पूर्वानुमान (m)	mausam ka pūrvānumān
température (f)	तापमान (m)	tāpamān
thermomètre (m)	थर्मामीटर (m)	tharmāmītar
baromètre (m)	बैरोमीटर (m)	bairomītar
humidité (f)	नमी (f)	namī
chaleur (f) (canicule)	गरमी (f)	garamī
torride (adj)	गरम	garam
il fait très chaud	गरमी है	garamī hai
il fait chaud	गरम है	garam hai
chaud (modérément)	गरम	garam
il fait froid	ठंडक है	thandak hai
froid (adj)	ठंडा	thanda
soleil (m)	सूरज (m)	sūraj
briller (soleil)	चमकना	chamakana
ensoleillé (jour ~)	धूपदार	dhūpadār
se lever (vp)	उगना	ugana
se coucher (vp)	डूबना	dūbana
nuage (m)	बादल (m)	bādal
nuageux (adj)	मेघाच्छादित	meghāchchhādit
nuée (f)	घना बादल (m)	ghana bādal
sombre (adj)	बदली	badalī
pluie (f)	बारिश (f)	bārish
il pleut	बारिश हो रही है	bārish ho rahī hai
pluvieux (adj)	बरसाती	barasātī
bruiner (v imp)	बूंदाबांदी होना	būndābāndī hona
pluie (f) torrentielle	मूसलधार बारिश (f)	mūsaladhār bārish
averse (f)	मूसलधार बारिश (f)	mūsaladhār bārish
forte (la pluie ~)	भारी	bhārī
flaque (f)	पोखर (m)	pokhar
se faire mouiller	भीगना	bhīgana
brouillard (m)	कुहरा (m)	kuhara
brumeux (adj)	कुहरेदार	kuharedār
neige (f)	बर्फ़ (f)	barf
il neige	बर्फ़ पड़ रही है	barf par rahī hai

86. Les intempéries. Les catastrophes naturelles

orage (m)	गरजवाला तुफ़ान (m)	garajavāla tufān
éclair (m)	बिजली (m)	bijalī

éclater (foudre)	चमकना	chamakana
tonnerre (m)	गरज (m)	garaj
gronder (tonnerre)	बादल गरजना	bādal garajana
le tonnerre gronde	बादल गरज रहा है	bādal garaj raha hai
grêle (f)	ओला (m)	ola
il grêle	ओले पड़ रहे हैं	ole par rahe hain
inonder (vt)	बाढ़ आ जाना	bārh ā jāna
inondation (f)	बाढ़ (f)	bārh
tremblement (m) de terre	भूकंप (m)	bhūkamp
secousse (f)	झटका (m)	jhataka
épicentre (m)	अधिकेंद्र (m)	adhikendr
éruption (f)	उद्गार (m)	udgār
lave (f)	लावा (m)	lāva
tourbillon (m)	बवंडर (m)	bavandar
tornade (f)	टोर्नेडो (m)	tornedo
typhon (m)	रतूफ़ान (m)	ratūfān
ouragan (m)	समुद्री तूफ़ान (m)	samudrī tūfān
tempête (f)	तूफ़ान (m)	tufān
tsunami (m)	सुनामी (f)	sunāmī
cyclone (m)	चक्रवात (m)	chakravāt
intempéries (f pl)	ख़राब मौसम (m)	kharāb mausam
incendie (m)	आग (f)	āg
catastrophe (f)	प्रलय (m)	pralay
météorite (m)	उल्का पिंड (m)	ulka pind
avalanche (f)	हिमस्खलन (m)	himaskhalan
éboulement (m)	हिमस्खलन (m)	himaskhalan
blizzard (m)	बर्फ़ का तुफ़ान (m)	barf ka tufān
tempête (f) de neige	बर्फ़ीला तुफ़ान (m)	barfila tufān

T&p BOOKS

LA FAUNE

T&P Books Publishing

87. Les mammifères. Les prédateurs

prédateur (m)	परभक्षी (m)	parabhakshī
tigre (m)	बाघ (m)	bāgh
lion (m)	शेर (m)	sher
loup (m)	भेड़िया (m)	bheriya
renard (m)	लोमड़ी (f)	lomri
jaguar (m)	जागुआर (m)	jāguār
léopard (m)	तेंदुआ (m)	tendua
guépard (m)	चीता (m)	chīta
panthère (f)	काला तेंदुआ (m)	kāla tendua
puma (m)	पहाड़ी बिलाव (m)	pahādī bilāv
léopard (m) de neiges	हिम तेंदुआ (m)	him tendua
lynx (m)	वन बिलाव (m)	van bilāv
coyote (m)	कोयोट (m)	koyot
chacal (m)	गीदड़ (m)	gīdar
hyène (f)	लकड़बग्घा (m)	lakarabaggha

88. Les animaux sauvages

animal (m)	जानवर (m)	jānavar
bête (f)	जानवर (m)	jānavar
écureuil (m)	गिलहरी (f)	gilaharī
hérisson (m)	कांटा-चूहा (m)	kānta-chūha
lièvre (m)	खरगोश (m)	kharagosh
lapin (m)	खरगोश (m)	kharagosh
blaireau (m)	बिज्जू (m)	bijjū
raton (m)	रैकून (m)	raikūn
hamster (m)	हैम्स्टर (m)	haimstar
marmotte (f)	मारमोट (m)	māramot
taupe (f)	छछूंदर (m)	chhachhūndar
souris (f)	चूहा (m)	chūha
rat (m)	घूस (m)	ghūs
chauve-souris (f)	चमगादड़ (m)	chamagādar
hermine (f)	नेवला (m)	nevala
zibeline (f)	सेबल (m)	sebal
martre (f)	मारटेन (m)	māraten

| belette (f) | नेवला (m) | nevala |
| vison (m) | मिंक (m) | mink |

| castor (m) | ऊदबिलाव (m) | ūdabilāv |
| loutre (f) | ऊदबिलाव (m) | ūdabilāv |

cheval (m)	घोड़ा (m)	ghora
élan (m)	मूस (m)	mūs
cerf (m)	हिरण (m)	hiran
chameau (m)	ऊंट (m)	ūnt

bison (m)	बाइसन (m)	baisan
aurochs (m)	जंगली बैल (m)	jangalī bail
buffle (m)	भैंस (m)	bhains

zèbre (m)	ज़ेबरा (m)	zebara
antilope (f)	मृग (f)	mrg
chevreuil (m)	मृग्नी (f)	mrgnī
biche (f)	चीतल (m)	chītal
chamois (m)	शैमी (f)	shaimī
sanglier (m)	जंगली सुआर (m)	jangalī suār

baleine (f)	हेल (f)	hvel
phoque (m)	सील (m)	sīl
morse (m)	वॉलरस (m)	volaras
ours (m) de mer	फर सील (f)	far sīl
dauphin (m)	डॉलफ़िन (f)	dolafin

ours (m)	रीछ (m)	rīchh
ours (m) blanc	सफ़ेद रीछ (m)	safed rīchh
panda (m)	पांडा (m)	pānda

singe (m)	बंदर (m)	bandar
chimpanzé (m)	वनमानुष (m)	vanamānush
orang-outang (m)	वनमानुष (m)	vanamānush
gorille (m)	गोरिला (m)	gorila
macaque (m)	अफ़्रीकन लंगूर (m)	afrikan langūr
gibbon (m)	गिब्बन (m)	gibban

| éléphant (m) | हाथी (m) | hāthī |
| rhinocéros (m) | गैंडा (m) | gainda |

| girafe (f) | जिराफ़ (m) | jirāf |
| hippopotame (m) | दरियाई घोड़ा (m) | dariyaī ghora |

| kangourou (m) | कंगारू (m) | kangārū |
| koala (m) | कोआला (m) | koāla |

mangouste (f)	नेवला (m)	nevala
chinchilla (m)	चिनचीला (f)	chinachīla
mouffette (f)	स्कंक (m)	skank
porc-épic (m)	शल्यक (f)	shalyak

89. Les animaux domestiques

chat (m) (femelle)	बिल्ली (f)	billī
chat (m) (mâle)	बिल्ला (m)	billa
chien (m)	कुत्ता (m)	kutta
cheval (m)	घोड़ा (m)	ghora
étalon (m)	घोड़ा (m)	ghora
jument (f)	घोड़ी (f)	ghorī
vache (f)	गाय (f)	gāy
taureau (m)	बैल (m)	bail
bœuf (m)	बैल (m)	bail
brebis (f)	भेड़ (f)	bher
mouton (m)	भेड़ा (m)	bhera
chèvre (f)	बकरी (f)	bakarī
bouc (m)	बकरा (m)	bakara
âne (m)	गधा (m)	gadha
mulet (m)	खच्चर (m)	khachchar
cochon (m)	सुअर (m)	suar
pourceau (m)	घेंटा (m)	ghenta
lapin (m)	खरगोश (m)	kharagosh
poule (f)	मुर्गी (f)	murgī
coq (m)	मुर्गा (m)	murga
canard (m)	बत्तख़ (f)	battakh
canard (m) mâle	नर बत्तख़ (m)	nar battakh
oie (f)	हंस (m)	hans
dindon (m)	नर टर्की (m)	nar tarkī
dinde (f)	टर्की (f)	tarkī
animaux (m pl) domestiques	घरेलू पशु (m pl)	gharelū pashu
apprivoisé (adj)	पालतू	pālatū
apprivoiser (vt)	पालतू बनाना	pālatū banāna
élever (vt)	पालना	pālana
ferme (f)	खेत (m)	khet
volaille (f)	मुर्गी पालन (f)	murgī pālan
bétail (m)	मवेशी (m)	maveshī
troupeau (m)	पशु समूह (m)	pashu samūh
écurie (f)	अस्तबल (m)	astabal
porcherie (f)	सूअरखाना (m)	sūarakhāna
vacherie (f)	गौशाला (f)	goshāla
cabane (f) à lapins	खरगोश का दरबा (m)	kharagosh ka daraba
poulailler (m)	मुर्गीखाना (m)	murgīkhāna

90. Les oiseaux

oiseau (m)	चिड़िया (f)	chiriya
pigeon (m)	कबूतर (m)	kabūtar
moineau (m)	गौरैया (f)	gauraiya
mésange (f)	टिटरी (f)	titarī
pie (f)	नीलकण्ठ पक्षी (f)	nīlakanth pakshī
corbeau (m)	काला कौआ (m)	kāla kaua
corneille (f)	कौआ (m)	kaua
choucas (m)	कौआ (m)	kaua
freux (m)	कौआ (m)	kaua
canard (m)	बत्तख़ (f)	battakh
oie (f)	हंस (m)	hans
faisan (m)	तीतर (m)	tītar
aigle (m)	चील (f)	chīl
épervier (m)	बाज़ (m)	bāz
faucon (m)	बाज़ (m)	bāz
vautour (m)	गिद्ध (m)	giddh
condor (m)	कॉन्डोर (m)	kondor
cygne (m)	राजहंस (m)	rājahans
grue (f)	सारस (m)	sāras
cigogne (f)	लकलक (m)	lakalak
perroquet (m)	तोता (m)	tota
colibri (m)	हमिंग बर्ड (f)	haming bard
paon (m)	मोर (m)	mor
autruche (f)	शुतुरमुर्ग (m)	shuturamurg
héron (m)	बगुला (m)	bagula
flamant (m)	फ्लेमिन्गो (m)	flemingo
pélican (m)	हवासिल (m)	havāsil
rossignol (m)	बुलबुल (m)	bulabul
hirondelle (f)	अबाबील (f)	abābīl
merle (m)	मुखब्रण (f)	mukhavran
grive (f)	मुखब्रण (f)	mukhavran
merle (m) noir	ब्लैकबर्ड (m)	blaikabard
martinet (m)	बतासी (f)	batāsī
alouette (f) des champs	भरत (m)	bharat
caille (f)	वर्तक (m)	varttak
pivert (m)	कठफोड़ा (m)	kathafora
coucou (m)	कोयल (f)	koyal
chouette (f)	उल्लू (m)	ullū
hibou (m)	गरूड़ उल्लू (m)	garūr ullū

tétras (m)	तीतर (m)	tītar
tétras-lyre (m)	काला तीतर (m)	kāla tītar
perdrix (f)	चकोर (m)	chakor
étourneau (m)	तिलिया (f)	tiliya
canari (m)	कनारी (f)	kanārī
gélinotte (f) des bois	पिंगल तीतर (m)	pingal tītar
pinson (m)	फ़िंच (m)	finch
bouvreuil (m)	बुलफ़िंच (m)	bulafinch
mouette (f)	गंगा-चिल्ली (f)	ganga-chillī
albatros (m)	अल्बात्रोस (m)	albātros
pingouin (m)	पेंगुइन (m)	penguin

91. Les poissons. Les animaux marins

brème (f)	ब्रीम (f)	brīm
carpe (f)	कार्प (f)	kārp
perche (f)	पर्च (f)	parch
silure (m)	कैटफ़िश (f)	kaitafish
brochet (m)	पाइक (f)	paik
saumon (m)	सैल्मन (f)	sailman
esturgeon (m)	स्टर्जन (f)	starjan
hareng (m)	हेरिंग (f)	hering
saumon (m) atlantique	अटलांटिक सैल्मन (f)	atalāntik sailman
maquereau (m)	माक्रैल (f)	mākrail
flet (m)	फ़्लैटफ़िश (f)	flaitafish
sandre (f)	पाइक पर्च (f)	paik parch
morue (f)	कॉड (f)	kod
thon (m)	टूना (f)	tūna
truite (f)	ट्राउट (f)	traut
anguille (f)	सर्पमीन (f)	sarpamīn
torpille (f)	विद्युत शंकुश (f)	vidyut shankush
murène (f)	मोरे सर्पमीन (f)	more sarpamīn
piranha (m)	पिरान्हा (f)	pirānha
requin (m)	शार्क (f)	shārk
dauphin (m)	डॉल्फ़िन (f)	dolafin
baleine (f)	ह्वेल (f)	hvel
crabe (m)	केकड़ा (m)	kekara
méduse (f)	जेली फ़िश (f)	jelī fish
pieuvre (f), poulpe (m)	आक्टोपस (m)	āktopas
étoile (f) de mer	स्टार फ़िश (f)	stār fish
oursin (m)	जलसाही (f)	jalasāhī

hippocampe (m)	समुद्री घोड़ा (m)	samudrī ghora
huître (f)	कस्तूरा (m)	kastūra
crevette (f)	झींगा (f)	jhīnga
homard (m)	लॉब्सटर (m)	lobsatar
langoustine (f)	स्पाइनी लॉब्सटर (m)	spainī lobsatar

92. Les amphibiens. Les reptiles

| serpent (m) | सर्प (m) | sarp |
| venimeux (adj) | विषैला | vishaila |

vipère (f)	वाइपर (m)	vaipar
cobra (m)	नाग (m)	nāg
python (m)	अजगर (m)	ajagar
boa (m)	अजगर (m)	ajagar

couleuvre (f)	साँप (f)	sānp
serpent (m) à sonnettes	रैटल सर्प (m)	raital sarp
anaconda (m)	एनाकोन्डा (f)	enākonda

lézard (m)	छिपकली (f)	chhipakalī
iguane (m)	इग्यूएना (m)	igyūena
varan (m)	मॉनिटर छिपकली (f)	monitar chhipakalī
salamandre (f)	सैलामैंडर (m)	sailāmaindar
caméléon (m)	गिरगिट (m)	giragit
scorpion (m)	वृश्चिक (m)	vrshchik

tortue (f)	कछुआ (m)	kachhua
grenouille (f)	मेंढक (m)	mendhak
crapaud (m)	भेक (m)	bhek
crocodile (m)	मगर (m)	magar

93. Les insectes

insecte (m)	कीट (m)	kīt
papillon (m)	तितली (f)	titalī
fourmi (f)	चींटी (f)	chīntī
mouche (f)	मक्खी (f)	makkhī
moustique (m)	मच्छर (m)	machchhar
scarabée (m)	भृंग (m)	bhrng

guêpe (f)	हड्डा (m)	hadda
abeille (f)	मधुमक्खी (f)	madhumakkhī
bourdon (m)	भंवरा (m)	bhanvara
œstre (m)	गोमक्खी (f)	gomakkhī

| araignée (f) | मकड़ी (f) | makarī |
| toile (f) d'araignée | मकड़ी का जाल (m) | makarī ka jāl |

libellule (f)	व्याध-पतंग (m)	vyādh-patang
sauterelle (f)	टिड्डा (m)	tidda
papillon (m)	पतंगा (m)	patanga
cafard (m)	तिलचट्टा (m)	tilachatta
tique (f)	जुँआ (m)	juna
puce (f)	पिस्सू (m)	pissū
moucheron (m)	भुनगा (m)	bhunaga
criquet (m)	टिड्डी (f)	tiddī
escargot (m)	घोंघा (m)	ghongha
grillon (m)	झींगुर (m)	jhīngur
luciole (f)	जुगनू (m)	juganū
coccinelle (f)	सोनपंखी (f)	sonapankhī
hanneton (m)	कोकचाफ़ (m)	kokachāf
sangsue (f)	जोंक (m)	jok
chenille (f)	इल्ली (f)	illī
ver (m)	केंचुआ (m)	kenchua
larve (f)	कीटडिंभ (m)	kītadimbh

LA FLORE

T&P Books Publishing

arbre (m)	पेड़ (m)	per
à feuilles caduques	पर्णपाती	parnapātī
conifère (adj)	शंकुधर	shankudhar
à feuilles persistantes	सदाबहार	sadābahār
pommier (m)	सेब वृक्ष (m)	seb vrksh
poirier (m)	नाश्पाती का पेड़ (m)	nāshpātī ka per
merisier (m), cerisier (m)	चेरी का पेड़ (f)	cherī ka per
prunier (m)	आलूबुख़ारे का पेड़ (m)	ālūbukhāre ka per
bouleau (m)	सनोबर का पेड़ (m)	sanobar ka per
chêne (m)	बलूत (m)	balūt
tilleul (m)	लिनडेन वृक्ष (m)	linaden vrksh
tremble (m)	आस्पेन वृक्ष (m)	āspen vrksh
érable (m)	मेपल (m)	mepal
épicéa (m)	फर का पेड़ (m)	far ka per
pin (m)	देवदार (m)	devadār
mélèze (m)	लार्च (m)	lārch
sapin (m)	फर (m)	far
cèdre (m)	देवदर (m)	devadar
peuplier (m)	पोप्लर वृक्ष (m)	poplar vrksh
sorbier (m)	रोवाण (m)	rovān
saule (m)	विलो (f)	vilo
aune (m)	आल्डर वृक्ष (m)	āldar vrksh
hêtre (m)	बीच (m)	bīch
orme (m)	एल्म वृक्ष (m)	elm vrksh
frêne (m)	एश-वृक्ष (m)	esh-vrksh
marronnier (m)	चेस्टनट (m)	chestanat
magnolia (m)	मैगनोलिया (f)	maiganoliya
palmier (m)	ताड़ का पेड़ (m)	tār ka per
cyprès (m)	सरो (m)	saro
palétuvier (m)	मैनग्रोव (m)	mainagrov
baobab (m)	गोरक्षी (m)	gorakshī
eucalyptus (m)	यूकेलिप्टस (m)	yūkeliptas
séquoia (m)	सेकोइया (f)	sekoiya

95. Les arbustes

buisson (m)	झाड़ी (f)	jhārī
arbrisseau (m)	झाड़ी (f)	jhārī
vigne (f)	अंगूर की बेल (f)	angūr kī bel
vigne (f) (vignoble)	अंगूर का बाग़ (m)	angūr ka bāg
framboise (f)	रास्पबेरी की झाड़ी (f)	rāspaberī kī jhārī
groseille (f) rouge	लाल करेंट की झाड़ी (f)	lāl karent kī jhārī
groseille (f) verte	गूज़बेरी की झाड़ी (f)	gūzaberī kī jhārī
acacia (m)	ऐकेशिय (m)	aikeshiy
berbéris (m)	बारबेरी झाड़ी (f)	bāraberī jhārī
jasmin (m)	चमेली (f)	chamelī
genévrier (m)	जूनिपर (m)	jūnipar
rosier (m)	गुलाब की झाड़ी (f)	gulāb kī jhārī
églantier (m)	जंगली गुलाब (m)	jangalī gulāb

96. Les fruits. Les baies

fruit (m)	फल (m)	fal
fruits (m pl)	फल (m pl)	fal
pomme (f)	सेब (m)	seb
poire (f)	नाशपाती (f)	nāshpātī
prune (f)	आलूबुखारा (m)	ālūbukhāra
fraise (f)	स्ट्रॉबेरी (f)	stroberī
merise (f), cerise (f)	चेरी (f)	cherī
raisin (m)	अंगूर (m)	angūr
framboise (f)	रास्पबेरी (f)	rāspaberī
cassis (m)	काली करेंट (f)	kālī karent
groseille (f) rouge	लाल करेंट (f)	lāl karent
groseille (f) verte	गूज़बेरी (f)	gūzaberī
canneberge (f)	क्रैनबेरी (f)	krenaberī
orange (f)	संतरा (m)	santara
mandarine (f)	नारंगी (f)	nārangī
ananas (m)	अनानास (m)	anānās
banane (f)	केला (m)	kela
datte (f)	खजूर (m)	khajūr
citron (m)	नींबू (m)	nīmbū
abricot (m)	खूबानी (f)	khūbānī
pêche (f)	आड़ू (m)	ārū
kiwi (m)	चीकू (m)	chīkū
pamplemousse (m)	ग्रेपफ्रूट (m)	grepafrūt

baie (f)	बेरी (f)	berī
baies (f pl)	बेरियां (f pl)	beriyān
airelle (f) rouge	काओबेरी (f)	kaoberī
fraise (f) des bois	जंगली स्ट्रॉबेरी (f)	jangalī stroberī
myrtille (f)	बिलबेरी (f)	bilaberī

97. Les fleurs. Les plantes

fleur (f)	फूल (m)	fūl
bouquet (m)	गुलदस्ता (m)	guladasta
rose (f)	गुलाब (f)	gulāb
tulipe (f)	ट्यूलिप (m)	tyūlip
oeillet (m)	गुलनार (m)	gulanār
glaïeul (m)	ग्लेडियोलस (m)	glediyolas
bleuet (m)	नीलकूपी (m)	nīlakūpī
campanule (f)	ब्लूबेल (m)	blūbel
dent-de-lion (f)	कुकरौंधा (m)	kukaraundha
marguerite (f)	कैमोमाइल (m)	kaimomail
aloès (m)	मुसब्बर (m)	musabbar
cactus (m)	कैक्टस (m)	kaiktas
ficus (m)	रबड़ का पौधा (m)	rabar ka paudha
lis (m)	कुमुदिनी (f)	kumudinī
géranium (m)	जेरनियम (m)	jeraniyam
jacinthe (f)	हायसिंथ (m)	hāyasinth
mimosa (m)	मिमोसा (m)	mimosa
jonquille (f)	नरगिस (f)	naragis
capucine (f)	नस्टाशयम (m)	nastāshayam
orchidée (f)	आर्किड (m)	ārkid
pivoine (f)	पियोनी (m)	piyonī
violette (f)	वॉयलेट (m)	voyalet
pensée (f)	पैंज़ी (m pl)	painzī
myosotis (m)	फर्गैट मी नाट (m)	fargent mī nāt
pâquerette (f)	गुलबहार (f)	gulabahār
coquelicot (m)	खशखाश (m)	khashakhāsh
chanvre (m)	भांग (f)	bhāng
menthe (f)	पुदीना (m)	pudīna
muguet (m)	कामुदिनी (f)	kāmudinī
perce-neige (f)	सफ़ेद फूल (m)	safed fūl
ortie (f)	बिच्छू बूटी (f)	bichchhū būtī
oseille (f)	सोरेल (m)	sorel

nénuphar (m)	कुमुदिनी (f)	kumudinī
fougère (f)	फर्न (m)	farn
lichen (m)	शैवाक (m)	shaivāk
serre (f) tropicale	शीशाघर (m)	shīshāghar
gazon (m)	घास का मैदान (m)	ghās ka maidān
parterre (m) de fleurs	फुलवारी (f)	fulavārī
plante (f)	पौधा (m)	paudha
herbe (f)	घास (f)	ghās
brin (m) d'herbe	तिनका (m)	tinaka
feuille (f)	पत्ती (f)	pattī
pétale (m)	पंखड़ी (f)	pankharī
tige (f)	डंडी (f)	dandī
tubercule (m)	कंद (m)	kand
pousse (f)	अंकुर (m)	ankur
épine (f)	काँटा (m)	kānta
fleurir (vi)	खिलना	khilana
se faner (vp)	मुरझाना	murajhāna
odeur (f)	बू (m)	bū
couper (vt)	काटना	kātana
cueillir (fleurs)	तोड़ना	torana

98. Les céréales

grains (m pl)	दाना (m)	dāna
céréales (f pl) (plantes)	अनाज की फ़सलें (m pl)	anāj kī fasalen
épi (m)	बाल (f)	bāl
blé (m)	गेहूं (m)	gehūn
seigle (m)	रई (f)	raī
avoine (f)	जई (f)	jaī
millet (m)	बाजरा (m)	bājara
orge (f)	जौ (m)	jau
maïs (m)	मक्का (m)	makka
riz (m)	चावल (m)	chāval
sarrasin (m)	मोथी (m)	mothī
pois (m)	मटर (m)	matar
haricot (m)	राजमा (f)	rājama
soja (m)	सोया (m)	soya
lentille (f)	दाल (m)	dāl
fèves (f pl)	फली (f pl)	falī

LES PAYS DU MONDE

T&P Books Publishing

Afghanistan (m)	अफ़ग़ानिस्तान (m)	afagānistān
Albanie (f)	अल्बानिया (m)	albāniya
Allemagne (f)	जर्मन (m)	jarman
Angleterre (f)	इंग्लैंड (m)	inglaind
Arabie (f) Saoudite	सऊदी अरब (m)	saūdī arab
Argentine (f)	अर्जेंटीना (m)	arjentīna
Arménie (f)	आर्मीनिया (m)	ārmīniya
Australie (f)	आस्ट्रेलिया (m)	āstreliya
Autriche (f)	ऑस्ट्रिया (m)	ostriya
Azerbaïdjan (m)	आज़रबाइजान (m)	āzarabaijān
Bahamas (f pl)	बहामा (m)	bahāma
Bangladesh (m)	बांग्लादेश (m)	bānglādesh
Belgique (f)	बेल्जियम (m)	beljiyam
Biélorussie (f)	बेलारूस (m)	belārūs
Bolivie (f)	बोलीविया (m)	bolīviya
Bosnie (f)	बोस्निया और हर्ज़ेगोविना	bosniya aur harzegovina
Brésil (m)	ब्राज़ील (m)	brāzīl
Bulgarie (f)	बुल्गारिया (m)	bulgāriya
Cambodge (m)	कंबोडिया (m)	kambodiya
Canada (m)	कनाडा (m)	kanāda
Chili (m)	चिली (m)	chilī
Chine (f)	चीन (m)	chīn
Chypre (m)	साइप्रस (m)	saipras
Colombie (f)	कोलम्बिया (m)	kolambiya
Corée (f) du Nord	उत्तर कोरिया (m)	uttar koriya
Corée (f) du Sud	दक्षिण कोरिया (m)	dakshin koriya
Croatie (f)	क्रोएशिया (m)	kroeshiya
Cuba (f)	क्यूबा (m)	kyūba
Danemark (m)	डेन्मार्क (m)	denmārk
Écosse (f)	स्कॉटलैंड (m)	skotalaind
Égypte (f)	मिस्र (m)	misr
Équateur (m)	इक्वेडोर (m)	ikvedor
Espagne (f)	स्पेन (m)	spen
Estonie (f)	एस्तोनिया (m)	estoniya
Les États Unis	संयुक्त राज्य अमरीका (m)	sanyukt rājy amarīka
Fédération (f) des Émirats Arabes Unis	संयुक्त अरब अमीरात (m)	sanyukt arab amīrāt
Finlande (f)	फ़िनलैंड (m)	finalaind
France (f)	फ़्रांस (m)	frāns
Géorgie (f)	जॉर्जिया (m)	jorjiya
Ghana (m)	घाना (m)	ghāna

| Grande-Bretagne (f) | ग्रेट ब्रिटेन (m) | gret briten |
| Grèce (f) | ग्रीस (m) | grīs |

100. Les pays du monde. Partie 2

| Haïti (m) | हाइटी (m) | haitī |
| Hongrie (f) | हंगरी (m) | hangarī |

Inde (f)	भारत (m)	bhārat
Indonésie (f)	इण्डोनेशिया (m)	indoneshiya
Iran (m)	इरान (m)	irān
Iraq (m)	इराक़ (m)	irāq
Irlande (f)	आयरलैंड (m)	āyaralaind
Islande (f)	आयसलैंड (m)	āyasalaind
Israël (m)	इस्रायल (m)	isrāyal
Italie (f)	इटली (m)	italī

Jamaïque (f)	जमैका (m)	jamaika
Japon (m)	जापान (m)	jāpān
Jordanie (f)	जॉर्डन (m)	jordan
Kazakhstan (m)	कज़ाकस्तान (m)	kazākastān
Kenya (m)	केन्या (m)	kenya
Kirghizistan (m)	किर्गीज़िया (m)	kirgīziya
Koweït (m)	कुवैत (m)	kuvait

Laos (m)	लाओस (m)	laos
Lettonie (f)	लाटविया (m)	lātaviya
Liban (m)	लेबनान (m)	lebanān
Libye (f)	लीबिया (m)	lībiya
Liechtenstein (m)	लिकटेंस्टीन (m)	likatenstīn
Lituanie (f)	लिथुआनिया (m)	lithuāniya
Luxembourg (m)	लक्ज़मबर्ग (m)	lakzamabarg

Macédoine (f)	मेसेडोनिया (m)	mesedoniya
Madagascar (f)	मडागास्कार (m)	madāgāskār
Malaisie (f)	मलेशिया (m)	maleshiya
Malte (f)	माल्टा (m)	mālta
Maroc (m)	मोरक्को (m)	morakko
Mexique (m)	मेक्सिको (m)	meksiko
Moldavie (f)	मोलदोवा (m)	moladova

Monaco (m)	मोनाको (m)	monāko
Mongolie (f)	मंगोलिया (m)	mangoliya
Monténégro (m)	मोंटेनेग्रो (m)	montenegro
Myanmar (m)	म्यांमर (m)	myāmmar
Namibie (f)	नामीबिया (m)	nāmībiya
Népal (m)	नेपाल (m)	nepāl
Norvège (f)	नार्वे (m)	nārve
Nouvelle Zélande (f)	न्यू ज़ीलैंड (m)	nyū zīlaind
Ouzbékistan (m)	उज़्बेकिस्तान (m)	uzbekistān

101. Les pays du monde. Partie 3

Pakistan (m)	पाकिस्तान (m)	pākistān
Palestine (f)	फिलिस्तीन (m)	filistīn
Panamá (m)	पनामा (m)	panāma
Paraguay (m)	परागुआ (m)	parāgua
Pays-Bas (m)	नीदरलैंड्स (m)	nīdaralainds
Pérou (m)	पेरू (m)	perū
Pologne (f)	पोलैंड (m)	polaind
Polynésie (f) Française	फ्रेंच पॉलीनेशिया (m)	french polīneshiya
Portugal (m)	पुर्तगाल (m)	purtagāl
République (f) Dominicaine	डोमिनिकन रिपब्लिक (m)	dominikan ripablik
République (f) Sud-africaine	दक्षिण अफ्रीका (m)	dakshin afrīka
République (f) Tchèque	चेक गणतंत्र (m)	chek ganatantr
Roumanie (f)	रोमानिया (m)	romāniya
Russie (f)	रूस (m)	rūs
Sénégal (m)	सेनेगाल (m)	senegāl
Serbie (f)	सर्बिया (m)	sarbiya
Slovaquie (f)	स्लोवाकिया (m)	slovākiya
Slovénie (f)	स्लोवेनिया (m)	sloveniya
Suède (f)	स्वीडन (m)	svīdan
Suisse (f)	स्विट्ज़रलैंड (m)	svitzaralaind
Surinam (m)	सूरीनाम (m)	sūrīnām
Syrie (f)	सीरिया (m)	sīriya
Tadjikistan (m)	ताजिकिस्तान (m)	tājikistān
Taïwan (m)	ताइवान (m)	taivān
Tanzanie (f)	तंज़ानिया (m)	tanzāniya
Tasmanie (f)	तास्मानिया (m)	tāsmāniya
Thaïlande (f)	थाईलैंड (m)	thaīlaind
Tunisie (f)	ट्यूनीसिया (m)	tyunīsiya
Turkménistan (m)	तुर्कमानिस्तान (m)	turkamānistān
Turquie (f)	तुर्की (m)	turkī
Ukraine (f)	यूक्रेन (m)	yūkren
Uruguay (m)	उरुग्वे (m)	urugve
Vatican (m)	वेटिकन (m)	vetikan
Venezuela (f)	वेनेज़ुएला (m)	venezuela
Vietnam (m)	वियतनाम (m)	viyatanām
Zanzibar (m)	ज़ैंज़िबार (m)	zainzibār

GLOSSAIRE
GASTRONOMIQUE

Cette section contient
beaucoup de mots associés
à la nourriture. Ce dictionnaire
vous facilitera la tâche
de comprendre le menu
et de commander le bon plat
au restaurant

T&P Books Publishing

Français	Hindi	Translittération
épi (m)	बाल (f)	bāl
épice (f)	मसाला (m)	masāla
épinard (m)	पालक (m)	pālak
œuf (m)	अंडा (m)	anda
abricot (m)	खूबानी (f)	khūbānī
addition (f)	बिल (m)	bil
ail (m)	लहसुन (m)	lahasun
airelle (f) rouge	काओबेरी (f)	kaoberī
amande (f)	बादाम (f)	bādām
amanite (f) tue-mouches	फ्लाई ऐगेरिक (f)	flaī aigerik
amer (adj)	कड़वा	karava
ananas (m)	अनानास (m)	anānās
anguille (f)	बाम मछली (f)	bām machhalī
anis (m)	सौंफ़ (f)	saumf
apéritif (m)	एपेरेतीफ़ (m)	eperetīf
appétit (m)	भूख (f)	bhūkh
arrière-goût (m)	स्वाद (m)	svād
artichaut (m)	हाथीचक (m)	hāthīchak
asperge (f)	एस्पैरेगस (m)	espairegas
assiette (f)	तश्तरी (f)	tashtarī
aubergine (f)	बैंगन (m)	baingan
avec de la glace	बर्फ़ के साथ	barf ke sāth
avocat (m)	एवोकाडो (m)	evokādo
avoine (f)	जई (f)	jaī
bacon (m)	बेकन (m)	bekan
baie (f)	बेरी (f)	berī
baies (f pl)	बेरियाँ (f pl)	beriyān
banane (f)	केला (m)	kela
bar (m)	बार (m)	bār
barman (m)	बारमैन (m)	bāramain
basilic (m)	तुलसी (f)	tulasī
betterave (f)	चुकन्दर (m)	chukandar
beurre (m)	मक्खन (m)	makkhan
bière (f)	बियर (m)	biyar
bière (f) blonde	हल्का बियर (m)	halka biyar
bière (f) brune	डार्क बियर (m)	dārk biyar
biscuit (m)	बिस्कुट (m)	biskut
blé (m)	गेहूं (m)	gehūn
blanc (m) d'œuf	अंडे की सफ़ेदी (m)	ande kī safedī
boisson (f) non alcoolisée	कोल्ड ड्रिंक (f)	kold drink
boissons (f pl) alcoolisées	शराब (m pl)	sharāb
bolet (m) bai	बर्च बोलेट (f)	barch bolet

bolet (m) orangé	नारंगी छतरी वाली गगन-धूलि (f)	nārangī chhatarī vālī gagan-dhūli
bon (adj)	स्वादिष्ट	svādisht
Bon appétit!	अपने भोजन का आनंद उठाएं!	apane bhojan ka ānand uthaen!
bonbon (m)	टॉफ़ी (f)	tofī
bouillie (f)	दलिया (f)	daliya
bouillon (m)	यख़नी (f)	yakhanī
brème (f)	ब्रीम (f)	brīm
brochet (m)	पाइक (f)	paik
brocoli (m)	ब्रोकोली (f)	brokolī
cèpe (m)	सफ़ेद गगन-धूलि (f)	safed gagan-dhūli
céleri (m)	सेलरी (m)	selarī
céréales (f pl)	अनाज की फ़सलें (m pl)	anāj kī fasalen
cacahuète (f)	मूँगफली (m)	mūngafalī
café (m)	कॉफ़ी (f)	kofī
café (m) au lait	दूध के साथ कॉफ़ी (f)	dūdh ke sāth kofī
café (m) noir	काली कॉफ़ी (f)	kālī kofī
café (m) soluble	इन्सटेन्ट-काफ़ी (f)	insatent-kāfī
calamar (m)	स्कीड (m)	skīd
calorie (f)	कैलोरी (f)	kailorī
canard (m)	बतख़ (f)	battakh
canneberge (f)	क्रेनबेरी (f)	krenaberī
cannelle (f)	दालचीनी (f)	dālachīnī
cappuccino (m)	कैपूचिनो (f)	kaipūchino
carotte (f)	गाजर (f)	gājar
carpe (f)	कार्प (f)	kārp
carte (f)	मेनू (m)	menū
carte (f) des vins	वाइन सूची (f)	vain sūchī
cassis (m)	काली किशमिश (f)	kālī kishamish
caviar (m)	मछली के अंडे (m)	machhalī ke ande
champagne (m)	शैम्पेन (f)	shaimpen
champignon (m)	गगन-धूलि (f)	gagan-dhūli
champignon (m) comestible	खाने योग्य गगन-धूलि (f)	khāne yogy gagan-dhūli
champignon (m) vénéneux	ज़हरीली गगन-धूलि (f)	zaharīlī gagan-dhūli
chaud (adj)	गरम	garam
chocolat (m)	चॉकलेट (m)	chokalet
chou (m)	पत्ता गोभी (f)	patta gobhī
chou (m) de Bruxelles	ब्रसेल्स स्प्राउट्स (m)	brasels sprauts
chou-fleur (m)	फूल गोभी (f)	fūl gobhī
citron (m)	नींबू (m)	nīmbū
clou (m) de girofle	लौंग (f)	laung
cocktail (m)	कॉकटेल (m)	kokatel
cocktail (m) au lait	मिल्कशेक (m)	milkashek
cognac (m)	कोन्याक (m)	konyāk
concombre (m)	खीरा (m)	khīra
condiment (m)	मसाला (m)	masāla
confiserie (f)	मिठाई (f pl)	mithaī
confiture (f)	जैम (m)	jaim
confiture (f)	जैम (m)	jaim

congelé (adj)	फ्रोज़न	frozan
conserves (f pl)	डिब्बाबन्द खाना (m)	dibbāband khāna
coriandre (m)	धनिया (m)	dhaniya
courgette (f)	तुरई (f)	turī
couteau (m)	छुरी (f)	chhurī
crème (f)	मलाई (f pl)	malaī
crème (f) aigre	खट्टी क्रीम (f)	khattī krīm
crème (f) au beurre	क्रीम (m)	krīm
crabe (m)	केकड़ा (m)	kekara
crevette (f)	चिंगड़ा (m)	chingara
cuillère (f)	चम्मच (m)	chammach
cuillère (f) à soupe	चम्मच (m)	chammach
cuisine (f)	व्यंजन (m)	vyanjan
cuisse (f)	सुअर की जांघ (f)	suar kī jāngh
cuit à l'eau (adj)	उबला	ubala
cumin (m)	ज़ीरा (m)	zīra
cure-dent (m)	टूथपिक (m)	tūthapik
déjeuner (m)	दोपहर का भोजन (m)	dopahar ka bhojan
dîner (m)	रात्रिभोज (m)	rātribhoj
datte (f)	खजूर (m)	khajūr
dessert (m)	मीठा (m)	mītha
dinde (f)	टर्की (m)	tarkī
du bœuf	गाय का गोश्त (m)	gāy ka gosht
du mouton	भेड़ का गोश्त (m)	bher ka gosht
du porc	सुअर का गोश्त (m)	suar ka gosht
du veau	बछड़े का गोश्त (m)	bachhare ka gosht
eau (f)	पानी (m)	pānī
eau (f) minérale	मिनरल वॉटर (m)	minaral votar
eau (f) potable	पीने का पानी (f)	pīne ka pānī
en chocolat (adj)	चॉकलेटी	chokaletī
esturgeon (m)	स्टर्जन (f)	starjan
fèves (f pl)	फली (f pl)	falī
farce (f)	कीमा (m)	kīma
farine (f)	आटा (m)	āta
fenouil (m)	सोआ (m)	soa
feuille (f) de laurier	तेजपत्ता (m)	tejapatta
figue (f)	अंजीर (m)	anjīr
flétan (m)	हैलिबट (f)	hailibat
flet (m)	फ्लैटफ़िश (f)	flaitafish
foie (m)	जिगर (f)	jigar
fourchette (f)	कांटा (m)	kānta
fraise (f)	स्ट्रॉबेरी (f)	stroberī
fraise (f) des bois	जंगली स्ट्रॉबेरी (f)	jangalī stroberī
framboise (f)	रसभरी (f)	rasabharī
frit (adj)	भुना	bhuna
froid (adj)	ठंडा	thanda
fromage (m)	पनीर (m)	panīr
fruit (m)	फल (m)	fal
fruits (m pl)	फल (m pl)	fal
fruits (m pl) de mer	समुद्री खाना (m)	samudrī khāna
fumé (adj)	धुएँ में पकाया हुआ	dhuen men pakāya hua
gâteau (m)	पेस्ट्री (f)	pestrī

gâteau (m)	पाई (m)	paī
garniture (f)	फ़िलिंग (f)	filing
garniture (f)	साइड डिश (f)	said dish
gaufre (f)	वेफ़र (m pl)	vefar
gazeuse (adj)	काबीनेटेड	kārboneted
gibier (m)	शिकार के पशुपक्षी (f)	shikār ke pashupakshī
gin (m)	जिन (f)	jin
gingembre (m)	अदरक (m)	adarak
girolle (f)	शैंटरेल (f)	shentarel
glace (f)	बर्फ़ (m)	barf
glace (f)	आईस-क्रीम (f)	āīs-krīm
glucides (m pl)	काबोहाइड्रेट (m)	kārbohaidret
goût (m)	स्वाद (m)	svād
gomme (f) à mâcher	चूइन्ग गम (m)	chūing gam
grains (m pl)	दाना (m)	dāna
grenade (f)	अनार (m)	anār
groseille (f) rouge	लाल किशमिश (f)	lāl kishamish
groseille (f) verte	आमला (f)	āmala
gruau (m)	अनाज के दाने (m)	anāj ke dāne
hamburger (m)	हैमबर्गर (m)	haimabargar
hareng (m)	हेरिंग मछली (f)	hering machhalī
haricot (m)	राजमा (f)	rājama
hors-d'œuvre (m)	एपेटाइज़र (m)	epetaizar
huître (f)	सीप (m)	sīp
huile (f) d'olive	जैतून का तेल (m)	jaitūn ka tel
huile (f) de tournesol	सूरजमुखी तेल (m)	sūrajamukhī tel
huile (f) végétale	तेल (m)	tel
jambon (m)	हैम (m)	haim
jaune (m) d'œuf	अंडे की ज़र्दी (m)	ande kī zardī
jus (m)	रस (m)	ras
jus (m) d'orange	संतरे का रस (m)	santare ka ras
jus (m) de tomate	टमाटर का रस (m)	tamātar ka ras
jus (m) pressé	ताज़ा रस (m)	tāza ras
kiwi (m)	चीकू (m)	chīkū
légumes (m pl)	सब्ज़ियाँ (f pl)	sabziyān
lait (m)	दूध (m)	dūdh
lait (m) condensé	रबड़ी (f)	rabarī
laitue (f), salade (f)	सलाद पत्ता (m)	salād patta
langoustine (f)	लोबस्टर (m)	lobastar
langue (f)	जीभ (m)	jībh
lapin (m)	खरगोश (m)	kharagosh
lentille (f)	दाल (m)	dāl
les œufs	अंडे (m pl)	ande
les œufs brouillés	आमलेट (m)	āmalet
limonade (f)	लेमोनेड (m)	lemoned
lipides (m pl)	वसा (m pl)	vasa
liqueur (f)	लिकर (m)	likar
mûre (f)	ब्लैकबेरी (f)	blaikaberī
maïs (m)	मकई (f)	makī
maïs (m)	मक्का (m)	makka
mandarine (f)	नारंगी (m)	nārangī
mangue (f)	आम (m)	ām

maquereau (m)	माक्रैल (f)	mākrail
margarine (f)	नकली मक्खन (m)	nakalī makkhan
mariné (adj)	अचार	achār
marmelade (f)	मुरब्बा (m)	murabba
melon (m)	खरबूज़ा (f)	kharabūza
miel (m)	शहद (m)	shahad
miette (f)	टुकड़ा (m)	tukara
millet (m)	बाजरा (m)	bājara
morceau (m)	टुकड़ा (m)	tukara
morille (f)	मोरेल (f)	morel
morue (f)	कॉड (f)	kod
moutarde (f)	सरसों (m)	sarason
myrtille (f)	बिलबेरी (f)	bilaberī
navet (m)	शलजम (f)	shalajam
noisette (f)	हेज़लनट (m)	hezalanat
noix (f)	अखरोट (m)	akharot
noix (f) de coco	नारियल (m)	nāriyal
nouilles (f pl)	नूडल्स (m)	nūdals
nourriture (f)	खाना (m)	khāna
oie (f)	हंस (m)	hans
oignon (m)	प्याज़ (m)	pyāz
olives (f pl)	जैतून (m)	jaitūn
omelette (f)	आमलेट (m)	āmalet
orange (f)	संतरा (m)	santara
orge (f)	जौ (m)	jau
oronge (f) verte	डेथ कैप (f)	deth kaip
ouvre-boîte (m)	ओपनर (m)	opanar
ouvre-bouteille (m)	बोतल ओपनर (m)	botal opanar
pâté (m)	पिसा हुआ गोश्त (m)	pisa hua gosht
pâtes (m pl)	पास्ता (m)	pāsta
pétales (m pl) de maïs	कॉर्नफ्लेक्स (m)	kornafleks
pétillante (adj)	स्पार्कलिंग	spārkaling
pêche (f)	आड़ू (m)	ārū
pain (m)	ब्रेड (f)	bred
pamplemousse (m)	ग्रेपफ्रूट (m)	grepafrūt
papaye (f)	पपीता (f)	papīta
paprika (m)	लाल शिमला मिर्च	lāl shimala mirch
	पाउडर (f)	paudar
pastèque (f)	तरबूज़ (m)	tarabūz
peau (f)	छिलका (f)	chhilaka
perche (f)	पर्च (f)	parch
persil (m)	अजमोद (f)	ajamod
petit déjeuner (m)	नाश्ता (m)	nāshta
petite cuillère (f)	चम्मच (m)	chammach
pistaches (f pl)	पिस्ता (m)	pista
pizza (f)	पीट्ज़ा (f)	pītza
plat (m)	पकवान (m)	pakavān
plate (adj)	स्टिल वॉटर	stil votar
poire (f)	नाशपाती (f)	nāshapātī
pois (m)	मटर (m)	matar
poisson (m)	मछली (f)	machhalī
poivre (m) noir	काली मिर्च (f)	kālī mirch

poivre (m) rouge	लाल मिर्च (m)	lāl mirch
poivron (m)	शिमला मिर्च (m)	shimala mirch
pomme (f)	सेब (m)	seb
pomme (f) de terre	आलू (m)	ālū
portion (f)	भाग (m)	bhāg
potiron (m)	कद्दू	kaddū
poulet (m)	चीकन (m)	chīkan
pourboire (m)	टिप (f)	tip
protéines (f pl)	प्रोटीन (m pl)	protīn
prune (f)	आलूबुखारा (m)	ālūbukhāra
purée (f)	आलू भरता (f)	ālū bharata
régime (m)	डाइट (m)	dait
radis (m)	मूली (f)	mūlī
rafraîchissement (m)	शीतलक ड्रिंक (f)	shītalak drink
raifort (m)	अरब मूली (f)	arab mūlī
raisin (m)	अंगूर (m)	angūr
raisin (m) sec	किशमिश (m)	kishamish
recette (f)	रैसीपी (f)	raisīpī
requin (m)	शार्क (f)	shārk
rhum (m)	रम (m)	ram
riz (m)	चावल (m)	chāval
russule (f)	रसुला (f)	rasula
sésame (m)	तिल (m)	til
safran (m)	ज़ाफ़रान (m)	zāfarān
salé (adj)	नमकीन	namakīn
salade (f)	सलाद (m)	salād
sandre (f)	पाइक पर्च (f)	paik parch
sandwich (m)	सैन्डविच (m)	saindavich
sans alcool	शराब रहित	sharāb rahit
sardine (f)	सार्डीन (f)	sārdīn
sarrasin (m)	मोथी (m)	mothī
sauce (f)	चटनी (f)	chatanī
sauce (f) mayonnaise	मेयोनेज़ (m)	meyonez
saucisse (f)	वियना सॉसेज (m)	viyana sosej
saucisson (m)	सॉसेज (f)	sosej
saumon (m)	सालमन (m)	sālaman
saumon (m) atlantique	अटलांटिक सैल्मन (f)	atalāntik sailman
sec (adj)	सूखा	sūkha
seigle (m)	रई (f)	raī
sel (m)	नमक (m)	namak
serveur (m)	बैरा (m)	baira
serveuse (f)	बैरी (f)	bairī
silure (m)	कैटफ़िश (f)	kaitafish
soja (m)	सोया (m)	soya
soucoupe (f)	सॉसर (m)	sosar
soupe (f)	सूप (m)	sūp
spaghettis (m pl)	स्पेघेटी (f)	speghetī
steak (m)	बीफ़स्टीक (m)	bīfastīk
sucré (adj)	मीठा	mītha
sucre (m)	चीनी (f)	chīnī
tarte (f)	केक (m)	kek
tasse (f)	प्याला (m)	pyāla

thé (m)	चाय (f)	chāy
thé (m) noir	काली चाय (f)	kālī chāy
thé (m) vert	हरी चाय (f)	harī chāy
thon (m)	टूना (f)	tūna
tire-bouchon (m)	पेंचकस (m)	penchakas
tomate (f)	टमाटर (m)	tamātar
tranche (f)	टुकड़ा (m)	tukara
truite (f)	ट्राउट मछली (f)	traut machhalī
végétarien (adj)	शाकाहारी	shākāhārī
végétarien (m)	शाकाहारी (m)	shākāhārī
verdure (f)	हरी सब्जियाँ (f)	harī sabziyān
vermouth (m)	वर्माठथ (f)	varmauth
verre (m)	गिलास (m)	gilās
verre (m) à vin	वाइन गिलास (m)	vain gilās
viande (f)	गोश्त (m)	gosht
vin (m)	वाइन (f)	vain
vin (m) blanc	सफ़ेद वाइन (f)	safed vain
vin (m) rouge	लाल वाइन (f)	lāl vain
vinaigre (m)	सिरका (m)	siraka
vitamine (f)	विटामिन (m)	vitāmin
vodka (f)	वोडका (m)	vodaka
whisky (m)	विस्की (f)	viskī
yogourt (m)	दही (m)	dahī

Hindi-Français glossaire gastronomique

आईस-क्रीम (f)	āīs-krīm	glace (f)
आलू (m)	ālū	pomme (f) de terre
आलू भरता (f)	ālū bharata	purée (f)
आलूबुखारा (m)	ālūbukhāra	prune (f)
आम (m)	ām	mangue (f)
आमला (f)	āmala	groseille (f) verte
आमलेट (m)	āmalet	les œufs brouillés
आमलेट (m)	āmalet	omelette (f)
आड़ू (m)	ārū	pêche (f)
आटा (m)	āta	farine (f)
अचार	achār	mariné (adj)
अदरक (m)	adarak	gingembre (m)
अजमोद (f)	ajamod	persil (m)
अखरोट (m)	akharot	noix (f)
अनाज की फ़सलें (m pl)	anāj kī fasalen	céréales (f pl)
अनाज के दाने (m)	anāj ke dāne	gruau (m)
अनानास (m)	anānās	ananas (m)
अनार (m)	anār	grenade (f)
अंडा (m)	anda	œuf (m)
अंडे (m pl)	ande	les œufs
अंडे की सफ़ेदी (m)	ande kī safedī	blanc (m) d'œuf
अंडे की ज़र्दी (m)	ande kī zardī	jaune (m) d'œuf
अंगूर (m)	angūr	raisin (m)
अंजीर (m)	anjīr	figue (f)
अपने भोजन का आनंद उठाएं!	apane bhojan ka ānand uthaen!	Bon appétit!
अरब मूली (f)	arab mūlī	raifort (m)
अटलांटिक सैल्मन (f)	atalāntik sailman	saumon (m) atlantique
बादाम (f)	bādām	amande (f)
बाजरा (m)	bājara	millet (m)
बाल (f)	bāl	épi (m)
बाम मछली (f)	bām machhalī	anguille (f)
बार (m)	bār	bar (m)
बारमैन (m)	bāramain	barman (m)
बीफ़स्टीक (m)	bīfastīk	steak (m)
बछड़े का गोश्त (m)	bachhare ka gosht	du veau
बैंगन (m)	baingan	aubergine (f)
बैरी (f)	bairī	serveuse (f)
बैरा (m)	baira	serveur (m)
बर्च बोलेट (f)	barch bolet	bolet (m) bai
बर्फ़ (m)	barf	glace (f)
बर्फ़ के साथ	barf ke sāth	avec de la glace
बत्तख़ (f)	battakh	canard (m)
बेकन (m)	bekan	bacon (m)

बेरी (f)	berī	baie (f)
बेरियां (f pl)	beriyān	baies (f pl)
भाग (m)	bhāg	portion (f)
भूख (f)	bhūkh	appétit (m)
भेड़ का गोश्त (m)	bher ka gosht	du mouton
भुना	bhuna	frit (adj)
बिल (m)	bil	addition (f)
बिलबेरी (f)	bilaberī	myrtille (f)
बिस्कुट (m)	biskut	biscuit (m)
बियर (m)	biyar	bière (f)
ब्लैकबेरी (f)	blaikaberī	mûre (f)
बोतल ओपनर (m)	botal opanar	ouvre-bouteille (m)
ब्रीम (f)	brīm	brème (f)
ब्रसेल्स स्प्राउट्स (m)	brasels sprauts	chou (m) de Bruxelles
ब्रेड (f)	bred	pain (m)
ब्रोकोली (f)	brokolī	brocoli (m)
चावल (m)	chāval	riz (m)
चाय (f)	chāy	thé (m)
चीकू (m)	chīkū	kiwi (m)
चीकन (m)	chīkan	poulet (m)
चीनी (f)	chīnī	sucre (m)
चूइन्ग गम (m)	chūing gam	gomme (f) à mâcher
चम्मच (m)	chammach	cuillère (f)
चम्मच (m)	chammach	petite cuillère (f)
चम्मच (m)	chammach	cuillère (f) à soupe
चटनी (f)	chatanī	sauce (f)
छिलका (f)	chhilaka	peau (f)
छुरी (f)	chhurī	couteau (m)
चिंगड़ा (m)	chingara	crevette (f)
चॉकलेट (m)	chokalet	chocolat (m)
चॉकलेटी	chokaletī	en chocolat (adj)
चुकन्दर (m)	chukandar	betterave (f)
दाल (m)	dāl	lentille (f)
दालचीनी (f)	dālachīnī	cannelle (f)
दाना (m)	dāna	grains (m pl)
डार्क बियर (m)	dārk biyar	bière (f) brune
दूध (m)	dūdh	lait (m)
दूध के साथ कॉफ़ी (f)	dūdh ke sāth kofī	café (m) au lait
दही (m)	dahī	yogourt (m)
डाइट (m)	dait	régime (m)
दलिया (f)	daliya	bouillie (f)
डेथ कैप (f)	deth kaip	oronge (f) verte
धनिया (m)	dhaniya	coriandre (m)
धुएँ में पकाया हुआ	dhuen men pakāya hua	fumé (adj)
डिब्बाबन्द खाना (m)	dibbāband khāna	conserves (f pl)
दोपहर का भोजन (m)	dopahar ka bhojan	déjeuner (m)
एपेरेतीफ़ (m)	eperetīf	apéritif (m)
एपेटाइज़र (m)	epetaizar	hors-d'œuvre (m)
एस्पैरेगस (m)	espairegas	asperge (f)
एवोकाडो (m)	evokādo	avocat (m)
फूल गोभी (f)	fūl gobhī	chou-fleur (m)
फल (m)	fal	fruit (m)

फल (m pl)	fal	fruits (m pl)
फली (f pl)	falī	fèves (f pl)
फ़िलिंग (f)	filing	garniture (f)
फ्लाई ऐगेरिक (f)	flaī aigerik	amanite (f) tue-mouches
फ्लैटिफ़िश (f)	flaitafish	flet (m)
फ्रोज़न	frozan	congelé (adj)
गाजर (f)	gājar	carotte (f)
गाय का गोश्त (m)	gāy ka gosht	du bœuf
गगन-धूलि (f)	gagan-dhūli	champignon (m)
गरम	garam	chaud (adj)
गेहूं (m)	gehūn	blé (m)
गिलास (m)	gilās	verre (m)
गोश्त (m)	gosht	viande (f)
ग्रेपफ्रूट (m)	grepafrūt	pamplemousse (m)
हाथीचक (m)	hāthīchak	artichaut (m)
हैलिबट (f)	hailibat	flétan (m)
हैम (m)	haim	jambon (m)
हैमबर्गर (m)	haimabargar	hamburger (m)
हल्का बियर (m)	halka biyar	bière (f) blonde
हंस (m)	hans	oie (f)
हरी चाय (f)	harī chāy	thé (m) vert
हरी सब्ज़ियाँ (f)	harī sabziyān	verdure (f)
हेरिंग मछली (f)	hering machhalī	hareng (m)
हेज़लनट (m)	hezalanat	noisette (f)
इन्सटेन्ट-काफ़ी (f)	insatent-kāfī	café (m) soluble
जीभ (m)	jībh	langue (f)
जई (f)	jaī	avoine (f)
जैम (m)	jaim	confiture (f)
जैम (m)	jaim	confiture (f)
जैतून (m)	jaitūn	olives (f pl)
जैतून का तेल (m)	jaitūn ka tel	huile (f) d'olive
जंगली स्ट्रॉबेरी (f)	jangalī stroberī	fraise (f) des bois
जौ (m)	jau	orge (f)
जिगर (f)	jigar	foie (m)
जिन (f)	jin	gin (m)
काली चाय (f)	kālī chāy	thé (m) noir
काली किशमिश (f)	kālī kishamish	cassis (m)
काली कॉफ़ी (f)	kālī kofī	café (m) noir
काली मिर्च (f)	kālī mirch	poivre (m) noir
काँटा (m)	kānta	fourchette (f)
काबोहाइड्रेट (m)	kārbohaidret	glucides (m pl)
काबीनेटेड	kārboneted	gazeuse (adj)
कार्प (f)	kārp	carpe (f)
कीमा (m)	kīma	farce (f)
कद्दू	kaddū	potiron (m)
कैलोरी (f)	kailorī	calorie (f)
कैपूचिनो (f)	kaipūchino	cappuccino (m)
कैटफ़िश (f)	kaitafish	silure (m)
काओबेरी (f)	kaoberī	airelle (f) rouge
कड़वा	karava	amer (adj)
केक (m)	kek	tarte (f)
केकड़ा (m)	kekara	crabe (m)

केला (m)	kela	banane (f)
खाना (m)	khāna	nourriture (f)
खाने योग्य गगन-धूलि (f)	khāne yogy gagan-dhūli	champignon (m) comestible
खीरा (m)	khīra	concombre (m)
खूबानी (f)	khūbānī	abricot (m)
खजूर (m)	khajūr	datte (f)
खरबूज़ा (f)	kharabūza	melon (m)
खरगोश (m)	kharagosh	lapin (m)
खट्टी क्रीम (f)	khattī krīm	crème (f) aigre
किशमिश (m)	kishamish	raisin (m) sec
कॉड (f)	kod	morue (f)
कॉफ़ी (f)	kofī	café (m)
कॉकटेल (m)	kokatel	cocktail (m)
कोल्ड ड्रिंक (f)	kold drink	boisson (f) non alcoolisée
कोन्याक (m)	konyāk	cognac (m)
कॉर्नफ़्लेक्स (m)	kornafleks	pétales (m pl) de maïs
क्रीम (m)	krīm	crème (f) au beurre
क्रेनबेरी (f)	krenaberī	canneberge (f)
लाल किशमिश (f)	lāl kishamish	groseille (f) rouge
लाल मिर्च (m)	lāl mirch	poivre (m) rouge
लाल शिमला मिर्च पाउडर (m)	lāl shimala mirch paudar	paprika (m)
लाल वाइन (f)	lāl vain	vin (m) rouge
लहसुन (m)	lahasun	ail (m)
लौंग (f)	laung	clou (m) de girofle
लेमोनेड (m)	lemoned	limonade (f)
लिकर (m)	likar	liqueur (f)
लोबस्टर (m)	lobastar	langoustine (f)
मॉक्रैल (f)	mākrail	maquereau (m)
मीठा	mītha	sucré (adj)
मीठा (m)	mītha	dessert (m)
मूली (f)	mūlī	radis (m)
मूँगफली (m)	mūngafalī	cacahuète (f)
मछली (f)	machhalī	poisson (m)
मछली के अंडे (m)	machhalī ke ande	caviar (m)
मकई (f)	makī	maïs (m)
मक्का (m)	makka	maïs (m)
मक्खन (m)	makkhan	beurre (m)
मलाई (f pl)	malaī	crème (f)
मसाला (m)	masāla	condiment (m)
मसाला (m)	masāla	épice (f)
मटर (m)	matar	pois (m)
मेनू (m)	menū	carte (f)
मेयोनेज़ (m)	meyonez	sauce (f) mayonnaise
मिल्कशेक (m)	milkashek	cocktail (m) au lait
मिनरल वॉटर (m)	minaral votar	eau (f) minérale
मिठाई (f pl)	mithaī	confiserie (f)
मोरेल (f)	morel	morille (f)
मोथी (m)	mothī	sarrasin (m)
मुरब्बा (m)	murabba	marmelade (f)

नारंगी (m)	nārangī	mandarine (f)
नारंगी छतरी वाली गगन-धूलि (f)	nārangī chhatarī vālī gagan-dhūli	bolet (m) orangé
नारियल (m)	nāriyal	noix (f) de coco
नाशपाती (f)	nāshapātī	poire (f)
नाश्ता (m)	nāshta	petit déjeuner (m)
नींबू (m)	nīmbū	citron (m)
नूडल्स (m)	nūdals	nouilles (f pl)
नकली मक्खन (m)	nakalī makkhan	margarine (f)
नमक (m)	namak	sel (m)
नमकीन	namakīn	salé (adj)
ओपनर (m)	opanar	ouvre-boîte (m)
पालक (m)	pālak	épinard (m)
पानी (m)	pānī	eau (f)
पास्ता (m)	pāsta	pâtes (m pl)
पीने का पानी (f)	pīne ka pānī	eau (f) potable
पीट्ज़ा (f)	pītza	pizza (f)
पाई (m)	paī	gâteau (m)
पाइक (f)	paik	brochet (m)
पाइक पर्च (f)	paik parch	sandre (f)
पकवान (m)	pakavān	plat (m)
पनीर (m)	panīr	fromage (m)
पपीता (f)	papīta	papaye (f)
पर्च (f)	parch	perche (f)
पत्ता गोभी (f)	patta gobhī	chou (m)
पेंचकस (m)	penchakas	tire-bouchon (m)
पेस्ट्री (f)	pestrī	gâteau (m)
पिसा हुआ गोश्त (m)	pisa hua gosht	pâté (m)
पिस्ता (m)	pista	pistaches (f pl)
प्रोटीन (m pl)	protīn	protéines (f pl)
प्याला (m)	pyāla	tasse (f)
प्याज़ (m)	pyāz	oignon (m)
राजमा (f)	rājama	haricot (m)
रात्रिभोज (m)	rātribhoj	dîner (m)
रई (f)	raī	seigle (m)
रबड़ी (f)	rabarī	lait (m) condensé
रैसीपी (f)	raisīpī	recette (f)
रम (m)	ram	rhum (m)
रस (m)	ras	jus (m)
रसभरी (f)	rasabharī	framboise (f)
रसुला (f)	rasula	russule (f)
सालमन (m)	sālaman	saumon (m)
सार्डीन (f)	sārdīn	sardine (f)
सीप (m)	sīp	huître (f)
सूखा	sūkha	sec (adj)
सूप (m)	sūp	soupe (f)
सूरजमुखी तेल (m)	sūrajamukhī tel	huile (f) de tournesol
सब्जियाँ (f pl)	sabziyān	légumes (m pl)
सफ़ेद गगन-धूलि (f)	safed gagan-dhūli	cèpe (m)
सफ़ेद वाइन (f)	safed vain	vin (m) blanc
साइड डिश (f)	said dish	garniture (f)
सैन्डविच (m)	saindavich	sandwich (m)

सलाद (m)	salād	salade (f)
सलाद पत्ता (m)	salād patta	laitue (f), salade (f)
समुद्री खाना (m)	samudrī khāna	fruits (m pl) de mer
संतरा (m)	santara	orange (f)
संतरे का रस (m)	santare ka ras	jus (m) d'orange
सरसों (m)	sarason	moutarde (f)
सौंफ़ (f)	saumf	anis (m)
सेब (m)	seb	pomme (f)
सेलरी (m)	selarī	céleri (m)
शाकाहारी (m)	shākāhārī	végétarien (m)
शाकाहारी	shākāhārī	végétarien (adj)
शार्क (f)	shārk	requin (m)
शीतलक ड्रिंक (f)	shītalak drink	rafraîchissement (m)
शहद (m)	shahad	miel (m)
शैम्पेन (f)	shaimpen	champagne (m)
शलजम (f)	shalajam	navet (m)
शराब (m pl)	sharāb	boissons (f pl) alcoolisées
शराब रहित	sharāb rahit	sans alcool
शैंटरेल (f)	shentarel	girolle (f)
शिकार के पशुपक्षी (f)	shikār ke pashupakshī	gibier (m)
शिमला मिर्च (m)	shimala mirch	poivron (m)
सिरका (m)	siraka	vinaigre (m)
स्कीड (m)	skīd	calamar (m)
सोआ (m)	soa	fenouil (m)
सॉसर (m)	sosar	soucoupe (f)
सॉसेज (f)	sosej	saucisson (m)
सोया (m)	soya	soja (m)
स्पार्कलिंग	spārkaling	pétillante (adj)
स्पेघेटी (f)	speghetī	spaghettis (m pl)
स्टर्जन (f)	starjan	esturgeon (m)
स्टिल वॉटर	stil votar	plate (adj)
स्ट्रॉबेरी (f)	stroberī	fraise (f)
सुअर की जांघ (f)	suar kī jāngh	cuisse (f)
सुअर का गोश्त (m)	suar ka gosht	du porc
स्वाद (m)	svād	goût (m)
स्वाद (m)	svād	arrière-goût (m)
स्वादिष्ट	svādisht	bon (adj)
ताज़ा रस (m)	tāza ras	jus (m) pressé
टूना (f)	tūna	thon (m)
टूथपिक (m)	tūthapik	cure-dent (m)
टमाटर (m)	tamātar	tomate (f)
टमाटर का रस (m)	tamātar ka ras	jus (m) de tomate
तरबूज़ (m)	tarabūz	pastèque (f)
टर्की (m)	tarkī	dinde (f)
तश्तरी (f)	tashtarī	assiette (f)
तेजपत्ता (m)	tejapatta	feuille (f) de laurier
तेल (m)	tel	huile (f) végétale
ठंडा	thanda	froid (adj)
तिल (m)	til	sésame (m)
टिप (f)	tip	pourboire (m)
टॉफ़ी (f)	tofī	bonbon (m)

ट्राउट मछली (f)	traut machhalī	truite (f)
टुकड़ा (m)	tukara	tranche (f)
टुकड़ा (m)	tukara	morceau (m)
टुकड़ा (m)	tukara	miette (f)
तुलसी (f)	tulasī	basilic (m)
तुरई (f)	turī	courgette (f)
उबला	ubala	cuit à l'eau (adj)
वाइन (f)	vain	vin (m)
वाइन गिलास (m)	vain gilās	verre (m) à vin
वाइन सूची (f)	vain sūchī	carte (f) des vins
वर्मोथ (f)	varmauth	vermouth (m)
वसा (m pl)	vasa	lipides (m pl)
वेफर (m pl)	vefar	gaufre (f)
विस्की (f)	viskī	whisky (m)
विटामिन (m)	vitāmin	vitamine (f)
वियना सॉसेज (m)	viyana sosej	saucisse (f)
वोडका (m)	vodaka	vodka (f)
व्यंजन (m)	vyanjan	cuisine (f)
यख़नी (f)	yakhanī	bouillon (m)
ज़ाफ़रान (m)	zāfarān	safran (m)
ज़ीरा (m)	zīra	cumin (m)
ज़हरीली गगन-धूलि (f)	zaharīlī gagan-dhūli	champignon (m) vénéneux